Bernhard Kirchgessner

»Das Kreuz umfassen«

Andachten und Betrachtungen zum Kreuzweg

FREIBURG · BASEL · WIEN

Geleitwort

Das Kreuz steht wie ein unerschütterliches Monument im Herzen des Christentums. Herausfordernd, brutal, zum Widerspruch reizend, alles andere als angenehm für den eigenen Weg als Christ. Und dennoch für den Gläubigen: trostvoll, erlösend – im Erfahren eines unfassbar solidarischen Gottes, der der Sünde der Welt bis auf den letzten Grund geht – und darin zugleich jedes Leid mitträgt.

Freilich: Es gibt im geistlichen Weg jedes Gläubigen immer wieder die Versuchung, das Kreuz zu umgehen, die Annahme des eigenen Kreuzes zu verweigern. Es gibt die Versuchung, die Kreuzigung vom Ostersonntag her zu bagatellisieren oder verschwinden zu lassen. Aber tatsächlich kommt keiner von uns zum Ostersonntag, ohne zuvor den eigenen Karfreitag durchlebt zu haben – und die alles entscheidende Frage im eigenen Leben wird sein: Wie stellen wir uns dabei zum historischen Karfreitag? In welchem Verhältnis stehen wir zu dem, der am historischen Karfreitag für uns am Kreuz gefoltert wurde und gestorben ist? Erkennen wir in diesem Schrecklichen zugleich auch das Monumentale, das Herrliche, das Unfassbare dieser freiwilligen Hingabe? Und umarmen wir es in ehrfürchtiger Liebe – indem wir dem Gekreuzigten auch alle eigene Not und Selbstverschließung übergeben? Oder weisen wir es ab – und ziehen uns ins Eigene zurück – ohne je verstehen zu wollen oder zu können, was das Kreuz mit mir zu tun hat?

Auch Kunst, die das Kreuz thematisiert, kann beides: Das Schreckliche objektivieren, ästhetisieren, wegschieben – oder Wege in die Tiefe eröffnen, Aspekte hervortreten lassen, die anrühren, die in die eigene Tiefe führen, die helfen, sich im Vertrauen auf den Gekreuzigten zu öffnen.

Ich danke Dr. Bernhard Kirchgessner, dem Künstlerseelsorger unseres Bistums, für sein Engagement in der Pflege religiöser Kunst – und danke ihm für diese beeindruckende Zusammenstellung und betrachtende Deutung von Kreuzwegen, die auf Ausstellungen in unserem Bildungshaus Spectrum Kirche zurückgehen.

Ich wünsche dem Buch sehr, dass es Leser und Betrachter findet, die sich über Texte und Bilder hineinführen lassen in das Geheimnis des Erlösers, an dessen Kreuz sichtbar wurde, dass er »die Seinen geliebt hat bis zur Vollendung« (vgl. Joh 13,1).

Dr. Stefan Oster SDB
Bischof von Passau

Inhalt

Vorwort	4
I. Betrachtungen zum Kreuz	5
I.1 Betrachtung *Zum Kreuz von Sebastian Hertrich*	5
I.2. Betrachtung *Zum Kreuz von Giacomo Manzù*	8
II. Kreuzwegandachten	11
II.1 Eröffnung und Abschluss der Kreuzwegandacht	11
II.2 Andacht: Das kurze Jahrhundert *Der Kreuzweg von Armando Fettolini*	13
II.3 Andacht: Göttliches Geheimis – Menschliches Drama *Der Kreuzweg von Andrea Cereda*	43
II.4 Andacht: Zugewandt *Der Kreuzweg von Valter Gatti*	73
II.5 Andacht: Via Crucis »il pane spezzato« – gebrochenes Brot *Der Kreuzweg von Bruno Lucchi*	103
III. Betrachtungen ausgewählter Kreuzwegstationen	135
III.1 Betrachtung *Zu ausgewählten Stationen aus dem Kreuzweg von Wolf Hirtreiter*	135
III.2 Betrachtung *Zu ausgewählten Stationen aus dem Kreuzweg von Franz Zoglauer*	140
III.3 Betrachtung *Zu ausgewählten Stationen aus dem Kreuzweg von Hubert Huber*	144
Vorschläge zur musikalischen Gestaltung	147
Quellen	151
Downloadmaterialien	152

Vorwort

Noch ein Kreuzwegbuch? Ja, aber ein etwas anderes. Es geht ganz von der Zuordnung der Kreuzwegandacht zu den »pia exercitia«, zur Volksfrömmigkeit, aus. Demgemäß sind die Texte *bewusst schlicht* und vielfach in *Dialogform* zwischen einem Vorbeter und den Mitfeiernden gestaltet. Sie sind voll ausformuliert und somit sofort einsetzbar. *Zeitgenössische Kunst,* die im Buch partiell und als Download zur Gänze zur Verfügung steht, will eine Alternative zu den Kreuzwegtafeln unserer Kirchen und Kapellen anbieten und die Betrachter zu Meditation und Gebet einladen. *Liedvorschläge* aus dem Gotteslob und *Musikhinweise* von CD-Einspielungen wollen das Gehörte und Geschaute vertiefen und in Seelenschichten vordringen, die Bild und Wort verschlossen bleiben.

Ich wage zu hoffen, dass die täglich von den Medien dargebotene Bilderflut von Leid und Elend, Not und Tod auf dieser Welt unser Empfinden und Mitfühlen nicht abstumpfen lässt, sondern unseren Blick für die Leidenden schärft, in uns Mit-Leid erregt und ermutigt, demjenigen im Gebet entgegenzugehen, der uns am Holz auf Golgota hängend erwartet.

Mein Dank geht an meine Freunde Andrea Cereda, Armando Fettolini, Valter Gatti, Bruno Lucchi, an Hubert Huber, Franz Zoglauer und Sebastian Hertrich für die unentgeltlich gewährten Abdruckrechte des Bildmaterials. Dem Verlag Herder, der dieses Buch ermöglicht hat, und Frau Dr. Schulz sei herzlich für die sorgfältige Begleitung gedankt.

Passau, am 14. September 2018, Fest Kreuzerhöhung
Bernhard Kirchgessner

I. Betrachtungen zum Kreuz

I.1 Betrachtung
Zum Kreuz von Sebastian Hertrich

Fastenzeit 2018. Der junge Künstler Sebastian Hertrich stellt in der Universitätskirche St. Nikola unter dem Titel »Glanz & Elend« Werke zur Fastenzeit aus. Kurz vor Ausstellungsbeginn war ihm das Motiv der Einladungskarte, ein barock anmutendes Kreuz, durch einen Käufer »abhanden« gekommen. Klar, ein junger, freischaffender Künstler muss dann verkaufen, wenn Nachfrage besteht, denn er muss ja vom Erwerb seiner Hände und Kreativität leben! Was also tun, wo doch die Ausstellungsbesucher immer wieder nach besagtem Kreuz fragen?

Fasziniert von einem Kreuz, das sich mir während der Einzelexerzitien im Oktober 2017 im Zisterzienserstift Heiligenkreuz immer wieder staunend zur Betrachtung bot, bat ich den jungen Mann, jenes ca. 1228 auf die Wände der Fraterie, der Werkstatt der Laienmönche, gemalte Kreuz in der von ihm gewählten Technik und mit seiner Handschrift umzusetzen. Und so entstand binnen Kurzem jenes nun zu bewundernde Kreuz, das auf den ersten Blick ganz traditionell wirkt. Holz bildet seine Grundlage; es ist jedoch umkleidet mit goldgelben und roten Computerplatinen (seitlich), einem Material unserer Zeit. Im Gegensatz zum Kreuz in der Fraterie schmückt ein luzider Christuskorpus das edel wirkende Kruzifix. Was aus der Ferne wie Bergkristall wirkt, entpuppt sich bei näherer Betrachtung als Plexiglas, das, mit einem Spezialkleber verklebt, ein mit dem Schnitzwerkzeug zu bearbeitendes Material darstellt.

Heilige Symbiose. Alles geht vom Holz des Kreuzes aus, von jenem Kreuz, welches am 7. Nissan des Jahres 30 auf Golgota errichtet wurde. Dort wurde das zum Schandpfahl verfluchte Marterwerkzeug durch den, der am Pfahl gehangen, zum Instrument des Heiles, zum Zeichen des Sieges über den Tod, zum Zeichen der Erlösung.

Zu allen Zeiten haben dies gläubige Menschen wohl verstanden und deshalb – die Frage der Echtheit der Reliquien spielt hier keine Rolle – Kreuzpartikel als

Foto: © Sebastian Hertrich

pars pro toto verehrt. Und dort, wo man keiner Reliquie habhaft wurde, wurde das Kreuz zum alles prägenden Zeichen des zentralen Raumes in unzähligen Kirchen, Kapellen und in vielen Christenhäusern. Der erste und der letzte tagtägliche Blick seiner Bewohner haftete, häufig verbunden mit einem kurzen Gebet oder einem handgeschlagenen Kreuzzeichen, an diesem Zeichen des Heiles.

Heilige Symbiose – aus 2000-jähriger Vergangenheit, aus dem tradionellen Material des Holzes sowie aus ganz neuen Materialien des 20. Jahrhunderts, ausgedienten Platinen von Computern und einem Kunstglas, welches echtem Glas sehr nahekommt. Alt und neu, Tradition und Gegenwart und Zukunft, sie liegen nicht nur nahe beieinander, sondern sind im Zeichen des Kreuzes, eines konkreten Kreuzes des 13. Jahrhunderts meiner Brüder zu Heiligenkreuz, eine Symbiose eingegangen.

Wenn heute heiß diskutiert wird, ob das Anbringen des Kreuzes in öffentlichen Gebäuden denn noch zeitgemäß sei, ob es nicht in pluralistischer Zeit gegen die Gleichbehandlung aller Religionen verstoße, dann offenbart sich an dieser »Diskussion« ein kritisch zu hinterfragender, die eigene Identität verleugnender Toleranzgedanke, der alles platt einebnet und dem Relativismus den Weg bahnt.

Foto: © Bernhard Kirchgessner

Wo das Kreuz zum »Schmuckstück«, ja Talisman verkommt, wo es als Relikt christlicher »Tradition« herhalten muss, da hat man den tiefen Sinn dieses Kreuzes und des an ihm hängenden Gottmenschen noch nicht voll erfasst. Jesu Kreuz – präsent in den Millionen und Abermillionen von Abbildungen – holt uns in eine präsentische Erinnerungskultur hinein. Es erinnert uns an jenen, der am Holz des Kreuzes hing, an seine Botschaft, seine Worte und Taten, und es mahnt uns, im Hier und Heute nicht beim Zeichen stehen zu bleiben, sondern es zu dechiffrieren, zu seinem eigentlichen Sinn vorzudringen und es in das persönliche wie öffentliche Leben zu integrieren, auf dass für jedermann deutlich wird: Die das Kreuz um den Hals tragen, die ein Kreuz in ihren Häusern, auf Berggipfeln und in öffentlichen Gebäuden aufstellen, lassen sich von jenem leiten, der ans Holz des Kreuzes ging – freiwillig; für alle, für jeden, auch für dich – aus Liebe.

Sebastian Hertrich ist geboren 1985 in Halle / Saale. Er erlernte zwei kunsthandwerkliche Lehrberufe: 2008 erhielt er den Gesellenbrief eines Holzbildhauers in Oberammergau. Es schloss sich ein Studium an: 2015 erhielt er ein Diplom im Fach Freie Kunst der Bauhaus-Universität Weimar. Seit 2016 übt er seine freiberufliche Tätigkeit als Künstler aus. Ausstellungen konnten u. a. in Dresden, Erlangen, Kloster Weltenburg, Passau St. Nikola stattfinden. Die traditionelle Kunst der Holzschnitzerei übt er auch mit neuen Materialien aus, mit Computerplatinen und Plexiglas.

I.2. Betrachtung
Zum Kreuz von Giacomo Manzù

In den 86 Predigten zum Hohelied der Liebe taucht bei Bernhard von Clairvaux ein ebenso eigenartiges wie bemerkenswertes Bild auf, die Rede vom dreifachen Kuss des Fußes, der Hand und des Mundes, Metapher für des Menschen geistlichen Aufstieg zu Gott. *»Wenn aber einer vom Munde Christi den geistlichen Kuss auch nur ein einzig Mal empfangen hat, dann drängt ihn in der Tat die eigene Erfahrung weiter und er verlangt voll Freude einen neuen Kuss.«* Mit diesen Worten eröffnet Bernhard die dritte Ansprache. Der einmal empfangene Kuss mehrt die Sehnsucht, vergrößert den Hunger und verstärkt den Durst. Doch in seiner Bescheidenheit maßt Bernhard sich nicht an, seinen Mund dem Munde Gottes entgegenzustrecken; vielmehr findet er es schicklich, sich gleich dem Zöllner zu Füßen des Herrn zu setzen. Dieser Platz ist dem Menschen angemessen, hat sich doch auch die »Sünderin« (Maria von Magdala) zu Füßen des Herrn niedergelassen und dort die Sünde ab- und die Heiligkeit angelegt. Ihr Beispiel gilt es nachzuahmen, die Füße des Herrn zu umfangen, sie mit Küssen zu besänftigen und mit Tränen zu benetzen, nicht um den Herrn zu »waschen«, sondern um durch ihn von allen Sünden reingewaschen zu werden. Bernhard betrachtet diesen Kuss folglich auch als »Friedenskuss«, weil er kraft der Vergebung den durch die Sünde gestörten Frieden zwischen Gott und den Menschen wiederherstellt.

Erst, wenn der Friedenskuss aufgedrückt und der Vergebungsruf des Herrn ertönt ist, darf sich die Seele erheben, freilich noch nicht, um sich zum Kuss des Mundes aufzuschwingen, sondern zur »Zwischenstation«, dem Handkuss.

Des Menschen Aufstieg zu Gott führt – um in der bernhardinischen Metapher zu bleiben – von den Füßen über die Hand zum Mund. Beginnend bei den Füßen, führt er, peu à peu, in die Höhe, bis der Mensch seinem Herrn Auge in Auge gegenübersteht und ihn schauen darf. Sich ernsthaft und entschlossen auf den Weg zu Gott zu machen, heißt also, sich wie Papst Johannes XXIII. in der vorliegenden Zeichnung seines Freundes Giacomo Manzù zu Füßen Jesu zu setzen, das alte Gewand der Sünde ab- und das neue Gewand der Heiligkeit anzulegen. Das ist aller Mönche und Menschen geistlicher Weg Anfang.

Da das Wort Fleisch geworden ist (Joh 1,14), sprich Gott in Christus Menschengestalt angenommen hat, kann Bernhard in der Predigt Gott Körperlichkeit zusprechen, die er im Folgenden präzisiert. Seine Mönche ermutigt er, beide Füße zu umfassen. Dem einen schreibt Bernhard »Erbarmen«, dem anderen das

© Giacomo Manzù, Foto: © Dionys Asenkerschbaumer

»Gericht« (Mehrerauer Übersetzung: Gerechtigkeit) zu; der eine bringt Hoffnung, der andere Furcht hervor. Wer vom Schmerz über die Sünde und von der Furcht vor dem Gericht geplagt wird, der drückt den Kuss auf den Fuß der Wahrheit und des Gerichtes; wer jedoch die Furcht kraft der Güte Gottes und der Hoffnung auf seine Gnade zurückdrängt, der küsst den Fuß des Erbarmens. Um von der Furcht nicht verschlungen und von der Hoffnung auf Barmherzigkeit nicht in falscher Selbstsicherheit gewogen zu werden, rät der Zisterzienser und Doctor mellifluus zum Kuss beider Füße.[1]

Was für den heutigen Menschen wie aus einer fernen und fremden Welt klingt, Fuß und Handkuss, das war dem aus dem burgundischen Adel stammenden Bernhard bestens vertraut. Wenn wir diese Metapher für uns in verständlicher Weise adaptieren können, dürfen auch wir uns zu des Herrn Füßen setzen, sie umfassen, umarmen und küssen, darauf vertrauend, auf diese Weise jenen Weg zu beschreiten, der zum Kuss des Mundes, zur unverhüllten Anschauung Gottes führt.

Giacomo Manzù, geboren am 22. Dezember 1908 in Bergamo als zehntes Kind eines Schusters und Mesners, ging 1919/20 in die Lehre bei einem Holzschnitzer. 1921 schloss sich eine Lehre bei einem Vergolder an. Er arbeitet mit bestimmten Motiven, wie »Nacktes Mädchen und Stuhl«, »Kardinal«, »Partisan«, »Maler und Modell«, »Mutter und Kind« und »Cristo nella nostra umanità«. Im Jahr 1958 schuf er die »Porta dell' amore« am Dom zu Salzburg, 1964 »Porta della morte« am Petersdom, 1968 »Porta della pace e della guerra«, Rotterdam. Auch Bronzebüsten und eine Totenmaske von Papst Johannes XXIII. gehören zu seinem Werk. Manzù zählt zu den großen Bildhauern des 20. Jahrhunderts.

---

1 Aus: Bernhard Kirchgessner, Vom Kusse Gottes trunken, aus: Ders., Bernhard von Clairvaux (1090/91–1153), Mönch – Abt – geistlicher Meister, Heiligenkreuz 2018, 69–95.

II. Kreuzwegandachten

II.1 Eröffnung und Abschluss der Kreuzwegandacht

Ablauf für jede Station

- Gebet mit Antwortruf
- Lesung
- Impuls zum Bild
- Stille
- Gebet mit Antwortruf
- Liedstrophe / Musik

Am Beginn und Ende eines Kreuzweges können diese Texte eingesetzt werden:

Eröffnung

V: Wir stellen uns unter das Zeichen des Kreuzes:
   Im Namen des Vaters und des Sohnes und des Heiligen Geistes.
A: Amen.
V: Lasst uns aufschauen zu dem, der sich für uns durchbohren ließ!
A: Lasst uns ihn anbeten und preisen in Ewigkeit. Amen.

V: In dieser Stunde erfüllt sich das Wort des Propheten Sacharja: Wir schauen auf zu dem, der sich für uns durchbohren ließ (Sach 12,10). Sein Weg wird zu unserem Weg. Sein Blick trifft unseren Blick und öffnet ihn für das Leid, das ihn am Kreuz und viele Mitmenschen fest im Griff hält.
   Lasst uns jetzt mit ihm gehen, mit ihm fühlen und leiden,
A: mit ihm das Tor des Todes zum Leben durchschreiten. Amen.

Abschluss

V: Lasset uns beten.
Herr Jesus Christus, dein Ruf zur Nachfolge ist Einladung, deinen Lebens- und Glaubensweg mit dir zu gehen. Mit dir an der Seite ist keiner allein, mit zu gehen heißt sicher an das Ziel zu gelangen. Wir danken dir, dass du uns in allen Lebenslagen beistehst und uns aufrichtest, wenn wir fallen. Gib uns den Mut, unser eigenes Lebenskreuz Tag für Tag zu umfassen und Schritt für Schritt weiterzugehen; lass uns am Ende unseres Lebens in deine offenen Arme einlaufen.
A: Amen.
V: Dazu segne uns der allmächtige Gott, der Vater und der Sohn und der Heilige Geist.
A: Amen.
V: Singet Lob und Preis!
A: Dank sei Gott, dem Herrn!

II.2 Andacht: Das kurze Jahrhundert
Der Kreuzweg von Armando Fettolini

Seit dem sich die franziskanische Bewegung im 13. Jahrhundert der Heiligen Stätten in Jerusalem angenommen hat, wird der letzte Weg Jesu, der durch die römische Besatzungsmacht mit der Hinrichtung durch Kreuzigung zu Ende ging – in den Augen der Zeitgenossen ein schändliches Ende! – in sogenannten Kreuzwegtafeln der Bevölkerung als volkstümliches Andachtsbild zur Betrachtung anheim gestellt. Aus der Tradition des Jerusalemer Kreuzweges – man schreitet betend die Leidensstationen auf der vermeintlichen via dolorosa ab – erwuchs der Wunsch der Jerusalempilger, zu Hause, in der Pfarrkirche der via dolorosa Jesu folgen zu können. Und so entstanden in der Folge in Europa sogenannte Kalvarienberge mit Ausgangs- und Zielstation, sowie Kreuzwege in Kirchen, Kapellen wie auch im Freien, die in 7, 9, 14 oder 15 Etappen des Leidens Jesu gedenken. Dieser Tradition folgt auch Armando Fettolini.

Armando Fettolini wurde 1960 in Mailand geboren. Mit 15 Jahren ging er bei Nicola Napoletano, einem Freskenmaler, in die Lehre und lernte Malen und Zeichnen. Mit 18 Jahren erhielt er vom Lions Club Monza die erste Auszeichnung für junge Künstler und durfte an einer Gemeinschaftsausstellung teilnehmen. 1987 konnte er erstmals eine Einzelausstellung bestreiten. Im Jahr 2000 erhielt er in Paris den 5. AWARD ARJO WIGGINS als bester kreativer Künstler Italiens. Es folgten Ausstellungen in Montepulciano, Brescia, Passau, Bratislava und Bergamo. Fettolini wohnt mit seiner Frau und seinen vier Kindern in Viganò, einem kleinen Dorf im Herzen der Brianza.

Die Kreuzwegbilder Armando Fettolinis sind in Mischtechnik gestaltet, 40 × 30 cm groß. »Via crucis secolo breve« heißt der Kreuzweg im Italienischen. Secolo breve – »Das kurze Jahrhundert« wird es genannt, weil es durch zwei Weltkriege verkürzt wurde.

Fotos S. 15–41: © Archivio Fettolini

I. Station: Jesus wird zum Tode verurteilt

V: Vorm Kreuz will ich mich tief verneigen,
   dem Herrn die Ehrfurcht so bezeigen.
A: Du gingst für mich bis in den Tod
   und wendest meines Lebens Not.

Lesung aus dem Buch Jesaja
*»Siehe, GOTT, der Herr, wird mir helfen.
Wer kann mich für schuldig erklären?« (Jes 50,9)*

Impuls zum Bild
Abgestempelt.
Verurteilt: Verbrecher! –
Wo immer Menschen Richter spielen und verurteilen,
beginnt ein Kreuzweg.
Ein überflüssiger Kreuzweg.
So überflüssig wie Menschen, die verurteilen. – *Stille*

Gebet
Herr Jesus Christus,
wenn ich wieder einmal schnell im Urteilen bin
und mit dem Finger auf andere zeige,
dann lasse mich erkennen,
dass drei Finger auf mich selbst zurückweisen.
Hilf mir, Gnade vor Recht walten zu lassen. Amen.

V: Lass mich, o Herr, voller Vertrauen
   zu dir empor aufs Kreuz hinschauen.
A: Du hast dich für mich hingegeben,
   damit ich möge ewig leben.

Liedstrophe / Musik

II. Station: Jesus nimmt das Kreuz auf seine Schulter

V: Vorm Kreuz will ich mich tief verneigen,
dem Herrn die Ehrfurcht so bezeigen.
A: Du gingst für mich bis in den Tod
und wendest meines Lebens Not.

Lesung aus dem Buch Jesaja
»Eilends wird der Gefesselte freigelassen; er wird nicht im Kerker sterben und es mangelt ihm nicht an Brot.« (Jes 51,14)

Impuls zum Bild
Das Kreuz stellt das Leben quer,
auch Jesu Leben.
Da bleibt nichts, wie es war.
Wer es aufrecht trägt,
gibt ihm eine neue Richtung
und kann den Engpass passieren.
Quer kommt man nicht durch das Tor. – *Stille*

Gebet
Herr Jesus Christus,
das Kreuz, das auf vielen Menschen lastet,
ist zuweilen sehr drückend
und die Last alles andere als leicht.
Lass niemanden an seinem Kreuz zerbrechen,
sondern teile jedem so viel Kraft zu,
dass er die Last des Lebens meistern kann. Amen.

V: Lass mich, o Herr, voller Vertrauen
zu dir empor aufs Kreuz hinschauen.
A: Du hast dich für mich hingegeben,
damit ich möge ewig leben.

Liedstrophe / Musik

III. Station: Jesus fällt zum ersten Mal

V: Vorm Kreuz will ich mich tief verneigen,
dem Herrn die Ehrfurcht so bezeigen.
A: Du gingst für mich bis in den Tod
und wendest meines Lebens Not.

Lesung aus dem Buch Jesaja
*»Ich hielt meinen Rücken denen hin, die mich schlugen,
und meine Wange denen, die mir den Bart ausrissen.« (Jes 50,6)*

Impuls zum Bild
Er fällt,
wie andere vor ihm gefallen sind und nach ihm fallen.
Fallen ist keine Schande.
Fallen kann jeder.
Auch ich.
Eine Schande wäre es hingegen, liegen zu bleiben.

Gebet
Herr Jesus Christus,
dann, wenn ich es nicht mehr schaffe,
wenn mir alles zu viel wird und ich falle,
dann richte mich auf
und lass mich meinen Weg fortsetzen. Amen.

V: Lass mich, o Herr, voller Vertrauen
zu dir empor aufs Kreuz hinschauen.
A: Du hast dich für mich hingegeben,
damit ich möge ewig leben.

Liedstrophe / Musik

IV. Station: Jesus begegnet seiner Mutter

V: Vorm Kreuz will ich mich tief verneigen,
dem Herrn die Ehrfurcht so bezeigen.
A: Du gingst für mich bis in den Tod
und wendest meines Lebens Not.

Lesung aus dem Buch Jesaja
»Er wurde bedrängt und misshandelt, aber er tat seinen Mund nicht auf. Wie ein Lamm, das man zum Schlachten führt, und wie ein Schaf vor seinen Scherern verstummt, so tat auch er seinen Mund nicht auf.« (Jes 53,7)

Impuls zum Bild
Schwarz.
Sie trägt Schwarz.
Obwohl er noch nicht tot ist, trägt sie schon Schwarz.
Ob ihr angesichts der Bosheit der richtenden Volksmenge
schwarz vor Augen wurde?

Gebet
Herr Jesus Christus,
deiner Mutter mag es bei deinem Anblick das Herz zerrissen haben.
Stütze alle Mütter und Väter,
die in das Bett ihres schwer kranken Kindes,
in das Grab des eigen' Fleisch und Blut schauen müssen,
und gib ihnen Hoffnung und Zuversicht. Amen.

V: Lass mich, o Herr, voller Vertrauen
zu dir empor aufs Kreuz hinschauen.
A: Du hast dich für mich hingegeben,
damit ich möge ewig leben.

Liedstrophe / Musik

V. Station: Simon von Zyrene hilft Jesus das Kreuz tragen

V: Vorm Kreuz will ich mich tief verneigen,
dem Herrn die Ehrfurcht so bezeigen.
A: Du gingst für mich bis in den Tod
und wendest meines Lebens Not.

Lesung aus dem Buch Jesaja
»Er hatte keine schöne und edle Gestalt, sodass wir ihn anschauen mochten. Er sah nicht so aus, dass wir Gefallen fanden an ihm.« (Jes 53,2b)

Impuls zum Bild
Er möchte sich drücken;
doch dann packt Simon doch an.
Anpackend wird er zum Kreuzträger
und nimmt selbst Kreuzesform an.
Keiner hat das Kreuz je im Griff!
Doch wer anpackt, macht es leichter.

Gebet
Herr Jesus Christus,
wenn das Kreuz mich ganz im Griff hat,
wenn es mich zu erdrücken droht,
dann schicke mir einen starken, hilfsbereiten Menschen,
der stumm anpackt und tatkräftig mitträgt. Amen.

V: Lass mich, o Herr, voller Vertrauen
zu dir empor aufs Kreuz hinschauen.
A: Du hast dich für mich hingegeben,
damit ich möge ewig leben.

Liedstrophe / Musik

VI. Station: Veronika reicht Jesus das Schweißtuch dar

V: Vorm Kreuz will ich mich tief verneigen,
dem Herrn die Ehrfurcht so bezeigen.
A: Du gingst für mich bis in den Tod
und wendest meines Lebens Not.

Lesung aus dem Buch Jesaja
»*Mein Gesicht verbarg ich nicht vor Schmähungen und Speichel. GOTT, der Herr, wird mir helfen; darum werde ich nicht in Schande enden. Deshalb mache ich mein Gesicht hart wie einen Kiesel; ich weiß, dass ich nicht in Schande gerate.*« *(Jes 50,6b.7)*

Impuls zum Bild
Der Blick ist getrübt,
als läge ein Schleier über dem Antlitz Christi.
Wenn dieser Schleier im Tod fällt,
wird endlich der Blick frei auf den,
den sie um meinetwillen durchbohrt haben. *(vgl. Joh 19,37) – Stille*

Gebet
Herr Jesus Christus,
noch liegt ein Schleier über meinen geistigen Augen,
noch kann ich dich nicht klar schauen.
Doch wenn im Augenblick des Todes der Schleier fällt,
gib mir den Blick frei
und lass mich auf ewig deine Herrlichkeit schauen. Amen.

V: Lass mich, o Herr, voller Vertrauen
zu dir empor aufs Kreuz hinschauen.
A: Du hast dich für mich hingegeben,
damit ich möge ewig leben.

Liedstrophe / Musik

VII. Station: Jesus fällt zum zweiten Mal

V: Vorm Kreuz will ich mich tief verneigen,
dem Herrn die Ehrfurcht so bezeigen.
A: Du gingst für mich bis in den Tod
und wendest meines Lebens Not.

Lesung aus dem Buch Jesaja
»*Er wurde verachtet und von den Menschen gemieden,
ein Mann voller Schmerzen, mit Krankheit vertraut.*« *(Jes 53,3)*

Impuls zum Bild
Mein Joch drückt nicht,
und meine Last ist leicht. *(vgl. Mt 11,30)*
Leicht?
Manchmal schwer, zentnerschwer!
Gebe Gott,
dass meine Last niemals schwerer ist,
als ich zu tragen vermag! – *Stille*

Gebet
Herr Jesus Christus,
wenn mein Lebenskreuz so schwer wird,
dass ich es nicht mehr schultern kann,
wenn es mich zu zermalmen droht,
richte mich Gebeugten auf
und lasse mich mit neuer Kraft weitergehen. Amen.

V: Lass mich, o Herr, voller Vertrauen
zu dir empor aufs Kreuz hinschauen.
A: Du hast dich für mich hingegeben,
damit ich möge ewig leben.

Liedstrophe / Musik

VIII. Station: Jesus begegnet den weinenden Frauen

V: Vorm Kreuz will ich mich tief verneigen,
dem Herrn die Ehrfurcht so bezeigen.
A: Du gingst für mich bis in den Tod
und wendest meines Lebens Not.

Lesung aus dem Buch Jesaja
»Ich bin es, ja, ich, der euch tröstet. Wer bist du, dass du dich fürchtest vor sterblichen Menschen, vor Menschen, die dahinsiechen wie Gras?« (Jes 51, 12)

Impuls zum Bild
Nicht Jesus weint,
nein, die Frauen sind's!
Der Betroffene bleibt stark,
die Zuschauer »schwächeln«.
Umarmend tröstet der Kreuzträger die weinenden Frauen
und richtet sie auf. – *Stille*

Gebet
Herr Jesus Christus,
wenn es in mir und um mich stockdunkel wird,
wenn die Worte verstummen
und stillen Tränen Platz machen,
dann lass mich deine Nähe spüren;
drück' mich an dein Herz. Amen.

V: Lass mich, o Herr, voller Vertrauen
zu dir empor aufs Kreuz hinschauen.
A: Du hast dich für mich hingegeben,
damit ich möge ewig leben.

Liedstrophe / Musik

IX. Station: Jesus fällt zum dritten Mal

V: Vorm Kreuz will ich mich tief verneigen,
dem Herrn die Ehrfurcht so bezeigen.
A: Du gingst für mich bis in den Tod
und wendest meines Lebens Not.

Lesung aus dem Buch Jesaja
»Ich gebe ihn in die Hand deiner Peiniger, die zu dir sagten: Wirf dich nieder, damit wir über dich hinwegschreiten! So machtest du deinen Rücken wie einen Boden, wie eine Straße für die, die über dich schritten.« (Jes 51,23)

Impuls zum Bild
Seltsam,
dass sich ausgerechnet diese Station
dreimal auf der via dolorosa wiederholt!
So gibt er dem gefallenen Menschen ein Beispiel,
mutig aufzustehen und weiterzugehen –
dem Ziel entgegen. – *Stille*

Gebet
Herr Jesus Christus,
wenn ich meine Schwächen erkenne
und mich über meine immer wiederkehrenden Fehler ärgere,
wenn ich Gefahr laufe,
deshalb alle Umkehr aufzugeben,
dann verleihe du mir jene Schubkraft,
die es zur Hinkehr zu dir braucht. Amen.

V: Lass mich, o Herr, voller Vertrauen
zu dir empor aufs Kreuz hinschauen.
A: Du hast dich für mich hingegeben,
damit ich möge ewig leben.

Liedstrophe / Musik

X. Station: Jesus wird seiner Kleider beraubt

V: Vorm Kreuz will ich mich tief verneigen,
   dem Herrn die Ehrfurcht so bezeigen.
A: Du gingst für mich bis in den Tod
   und wendest meines Lebens Not.

Lesung aus dem Buch Jesaja
»*Siehe, sie alle zerfallen wie ein Gewand, das die Motten zerfressen. Wer von euch den* HERRN *fürchtet, der höre auf die Stimme seines Knechtes.*« *(Jes 50,9c–10a)*

Impuls zum Bild
Schutzlos. Bloßgestellt. Ja, entwürdigt.
Gierigen Blicken und geifernden Zungen ausgeliefert.
Flüchten. Doch wohin?
Irgendwer hat Erbarmen und reicht ein Tuch.
Wenigstens das. – *Stille*

Gebet
Herr Jesus Christus,
andere bloßzustellen heißt Mitmenschen zu missbrauchen.
Wenn andere über mich herfallen,
wenn sie meinen, mich »ausziehen« zu müssen,
sei du derjenige, der sich schützend vor mich stellt
und mir die Würde wiedergibt. Amen.

V: Lass mich, o Herr, voller Vertrauen
   zu dir empor aufs Kreuz hinschauen.
A: Du hast dich für mich hingegeben,
   damit ich möge ewig leben.

Liedstrophe / Musik

XI. Station: Jesus wird ans Kreuz genagelt

V: Vorm Kreuz will ich mich tief verneigen,
dem Herrn die Ehrfurcht so bezeigen.
A: Du gingst für mich bis in den Tod
und wendest meines Lebens Not.

Lesung aus dem Buch Jesaja
»Er wurde durchbohrt wegen unserer Vergehen, wegen unserer Sünden zermalmt. Zu unserem Heil lag die Züchtigung auf ihm, durch seine Wunden sind wir geheilt.« (Jes 53,5)

Impuls zum Bild
Aufgeilende Freude am Leid eines anderen
oder nur gehorsamer Soldat,
der des Vorgesetzten Befehl vollstreckt?
Wie dem auch sei – wer zuschlägt, mordet.
Doch die Liebe lässt sich nicht töten! – *Stille*

Gebet
Herr Jesus Christus,
damals warst du es,
heute sind es deine Freunde, die Christen,
die man verfolgt, vertreibt, bespuckt und kreuzigt.
Gib, dass wir solidarisch zu ihnen stehen
und lass sie in der Stunde der Not deine Nähe spüren. Amen.

V: Lass mich, o Herr, voller Vertrauen
zu dir empor aufs Kreuz hinschauen.
A: Du hast dich für mich hingegeben,
damit ich möge ewig leben.

Liedstrophe / Musik

XII. Station: Jesus stirbt am Kreuz

V: Vorm Kreuz will ich mich tief verneigen,
   dem Herrn die Ehrfurcht so bezeigen.
A: Du gingst für mich bis in den Tod
   und wendest meines Lebens Not.

Lesung aus dem Buch Jesaja
»Ich kleide den Himmel in Schwarz und bedecke ihn mit einem Trauergewand.«
(Jes 50,3)

Impuls zum Bild
Zwei kleine Kreuze, ein großes Kreuz.
Zwei sterben, weil sie Verbrechen begingen.
Den Dritten verurteilt man wegen eines eigenartigen »Verbrechens«:
der Liebe wegen. – *Stille*

Gebet
Herr Jesus Christus,
ich werde wohl nie recht begreifen,
wie weit du in deiner Liebe zu uns gingst:
bis hinein in den Tod.
Schenke mir ein Quäntchen deiner Liebe
und den Mut zur Lebenshingabe –
für dich und die Menschen. Amen.

V: Lass mich, o Herr, voller Vertrauen
   zu dir empor aufs Kreuz hinschauen.
A: Du hast dich für mich hingegeben,
   damit ich möge ewig leben.

Liedstrophe / Musik

XIII. Station: Jesus wird vom Kreuz abgenommen und in den Schoß seiner Mutter gelegt

V: Vorm Kreuz will ich mich tief verneigen,
dem Herrn die Ehrfurcht so bezeigen.
A: Du gingst für mich bis in den Tod
und wendest meines Lebens Not.

Lesung aus dem Buch Jesaja
*»Er wurde vom Land der Lebenden abgeschnitten
und wegen der Vergehen meines Volkes zu Tode getroffen.« (Jes 53,8b)*

Impuls zum Bild
Endlich!
Vom Kreuz gelöst, in der Mutter Schoß liegend.
Während das Kreuz im Dunkel bleibt,
nimmt der Leib Lichtgestalt an.
Auf das hell strahlende Licht des Ostermorgens harrend. – *Stille*

Gebet
Herr Jesus Christus,
wie deine Mutter dich nie hätte vergessen
und sich nie hätte erbarmungslos zeigen können,
so wecke in mir das Mit-Leid mit allen,
die schreien, die trauern und weinen wie sie. Amen.

V: Lass mich, o Herr, voller Vertrauen
zu dir empor aufs Kreuz hinschauen.
A: Du hast dich für mich hingegeben,
damit ich möge ewig leben.

Liedstrophe / Musik

XIV. Station: Der Leichnam Jesu wird ins Grab gelegt

V: Vorm Kreuz will ich mich tief verneigen,
dem Herrn die Ehrfurcht so bezeigen.
A: Du gingst für mich bis in den Tod
und wendest meines Lebens Not.

Lesung aus dem Buch Jesaja
»Bei den Frevlern gab man ihm sein Grab … obwohl er kein Unrecht getan hat und kein trügerisches Wort in seinem Mund war.« (vgl. Jes 53,9)

Impuls zum Bild
Cut. Ende.
Der Film ist aus!
Wer dabeistand, kann nun nach Hause gehen. –
Nicht ganz, denn einer ist's, der den Riss heilt,
die Wunde schließt und das Ende wendet
ins Morgen des Ostertages. – *Stille*

Gebet
Herr Jesus Christus,
wir können vielen Gefahren des Lebens entgehen,
doch niemand kommt dem Tod aus.
Er ist unabänderlich.
Doch du hast dem Tod das letzte Wort entzogen
und es dem Leben zugeteilt.
Dafür danke ich dir und preise dich in Ewigkeit. Amen.

V: Lass mich, o Herr, voller Vertrauen
zu dir empor aufs Kreuz hinschauen.
A: Du hast dich für mich hingegeben,
damit ich möge ewig leben.

Liedstrophe/Musik

II.3 Andacht: Göttliches Geheimis – Menschliches Drama
Der Kreuzweg von Andrea Cereda

Andrea Cereda wurde 1961 in Lecco unweit Mailand geboren und besuchte das staatliche Institut für Kunst in Monza. 2001 wurde ihm die erste Einzelausstellung ausgerichtet, auf die weitere Einzelausstellungen sowie Beteiligung an Gemeinschaftsausstellungen folgten. Im Jahr 2008 nahm Cereda mit einer bemerkenswerten Arbeit, bestehend aus einem Triptychon und einem am Fußboden drapierten Mantel, an der Ausstellung »DAS ANTLITZ CHRISTI in der zeitgenössischen Kunst« im Domschatz- und Diözesanmuseum Passau sowie im museo diocesano Brescia teil. Diese Installation setzte Jesus in die Welt der Häftlinge Guantanamos hinein. Cereda wollte zum Ausdruck bringen, dass der unbequeme Jesus aus Nazaret wie auch jene, die ihm nachfolgen, auch in unserer Zeit mit Verfolgung und Hinrichtung rechnen müssten.

Seine vierzehn Kreuzwegtafeln weisen die Maße 42 × 32 cm auf; es sind in Metall geformte Szenen der Via crucis, Metallspäne aus Fässern, in denen in Oberitalien illegal Müll gelagert war. Damit brandmarkt Cereda den »Kreuzweg der Natur«, der im 21. Jahrhundert exzessiv Gewalt angetan wird. Cereda gelingt es, mit dem bewusst kalkulierten Schatteneffekt seiner Kleinskulptur hinter dem menschlichen Drama des Jesus aus Nazaret das göttliche Geheimnis des Mensch gewordenen Sohnes Gottes durchscheinen zu lassen.

Fotos S. 43–71:
© Archivio Andrea Cereda

I. Station: Jesus wird zum Tode verurteilt

V: Dein Kreuz, o Herr, wollen tief geneigt wir verehren
   und deine heilige Auferstehung rühmen und preisen wir.
A: Seht, durch das Kreuz kam Freude in alle Welt.

Lesung aus dem Buch der Psalmen
*»Sie vergelten mir Gutes mit Bösem, sie sind mir Feind;
denn ich trachte nach dem Guten.« (Ps 38,21)*

Impuls zum Bild
Ich schäme mich, Herr Jesus Christus,
dass du von mir verurteilt bist. – *Stille*

V: Man hat deine Hände gebunden
   und dich wie einen Verbrecher bei Pilatus vorgeführt.
A: Jene Hände, die doch nur segnen und heilen wollten.
V: Man hat dein Haupt mit Dornen gekrönt,
A: jenes Haupt, das doch den Menschen stets gewogen war.

Gebet
Herr Jesus Christus,
als sie dich im Gespräch am Arbeitsplatz,
in der Familie und im Freundeskreis erneut verurteilten,
blieb ich stumm.
Erbarme dich meiner
und gib mir die Kraft, mutig und entschlossen für dich einzutreten –
sei es gelegen oder ungelegen. Amen.

V: Kreuz, du bist für viele Menschen
   Gottes offenes Lesebuch:
A: Hüllst uns ein in seine Liebe,
   bergend wie ein großes Tuch.

Liedstrophe / Musik

II. Station: Jesus nimmt das Kreuz auf seine Schulter

V: Dein Kreuz, o Herr, wollen tief geneigt wir verehren
und deine heilige Auferstehung rühmen und preisen wir.
A: Seht, durch das Kreuz kam Freude in alle Welt.

Lesung aus dem Buch der Psalmen
*»Kraftlos bin ich geworden, ganz zerschlagen,
ich schrie in der Qual meines Herzens.« (Ps 38,9)*

Impuls zum Bild
Du greifst das Kreuz mit beiden Armen.
Ich greife aus, such' dein Erbarmen. – *Stille*

V: Man hat dir ein schweres Kreuz auferlegt,
A: ein Kreuz, an dem gewöhnlich Verbrecher landeten.
V: So hat man dich abgestempelt und gebrandmarkt,
A: in Wahrheit hast du die Last der Menschheit auf dich genommen.

Gebet
Herr Jesus Christus,
wenn ich ein Kreuz auf meinen Schultern spüre,
würde ich es am liebsten abwerfen.
Hilf mir mein Kreuz mutig zu umfassen
und mit dir an der Seite meinen Weg zu gehen,
dem Ziel entgegen. Amen.

V: Kreuz, du bist für viele Menschen
Gottes offenes Lesebuch:
A: Hüllst uns ein in seine Liebe,
bergend wie ein großes Tuch.

Liedstrophe / Musik

III. Station: Jesus fällt zum ersten Mal

V: Dein Kreuz, o Herr, wollen tief geneigt wir verehren
    und deine heilige Auferstehung rühmen und preisen wir.
A: Seht, durch das Kreuz kam Freude in alle Welt.

Lesung aus dem Buch der Psalmen
»Hingeschüttet bin ich wie Wasser, gelöst haben sich alle meine Glieder, mein Herz ist geworden wie Wachs, in meinen Eingeweiden zerflossen.«
(Ps 22,15)

Impuls zum Bild
Zu Boden drückt nicht hartes Holz,
wohl aber meines Herzens Stolz. – *Stille*

V: Allein mit der Last nach Golgota,
A: das haut den stärksten Mann um.
V: Allein durch die geifernde Menge;
A: Spott und Häme ist ihr Lohn.

Gebet
Herr Jesus Christus,
in allem wurdest du uns Menschen gleich,
die Sünde ausgenommen,
und so bist auch du gefallen.
Wenn du mich am Boden liegend findest,
dann greife mir unter die Arme
und richte mich wieder auf. Amen.

V: Kreuz, du bist für viele Menschen
    Gottes offenes Lesebuch:
A: Hüllst uns ein in seine Liebe,
    bergend wie ein großes Tuch.

Liedstrophe / Musik

IV. Station: Jesus begegnet seiner Mutter

V: Dein Kreuz, o Herr, wollen tief geneigt wir verehren
und deine heilige Auferstehung rühmen und preisen wir.
A: Seht, durch das Kreuz kam Freude in alle Welt.

Lesung aus dem Buch der Psalmen
*»Meine Kraft ist vertrocknet wie eine Scherbe,
die Zunge klebt mir am Gaumen,
du legst mich in den Staub des Todes.« (Ps 22,16)*

Impuls zum Bild
Dein Blick zerreißt der Mutter Herz,
es schaut in abgrundtiefen Schmerz. – *Stille*

V: Das eigene, das einzige Kind,
A: es ist dem Treiben des Pöbels ausgeliefert.
V: Doch ein paar Augen spenden Trost;
A: der Blick der Mutter richtet seine Seele auf.

Gebet
Herr Jesus Christus,
welch ein Schmerz mag Mariens Seele durchdrungen haben,
als sie dich, ihren einzigen Sohn,
auf dem Weg nach Golgota vom Leid entstellt sah.
Lass ihren erbarmungsvollen Blick auch auf mir und meinem Elend ruhen
und lass mich ihre mütterliche Hilfe und Fürsprache erfahren. Amen.

V: Kreuz, du bist für viele Menschen
Gottes offenes Lesebuch:
A: Hüllst uns ein in seine Liebe,
bergend wie ein großes Tuch.

Liedstrophe / Musik

V. Station: Simon von Zyrene hilft Jesus das Kreuz tragen

V: Dein Kreuz, o Herr, wollen tief geneigt wir verehren
und deine heilige Auferstehung rühmen und preisen wir.
A: Seht, durch das Kreuz kam Freude in alle Welt.

Lesung aus dem Buch der Psalmen
*»Freunde und Gefährten bleiben mir fern in meinem Unglück;
und meine Nachbarn blieben mir fern.« (Ps 38,12)*

Impuls zum Bild
Zwei Schultern bringen leicht voran,
was ich allein nicht schaffen kann. – *Stille*

V: Was die Kräfte eines Menschen übersteigt,
A: das schaffen zwei, die sich seelisch zugetan sind.
V: Wo einer an seine Grenzen stößt,
A: dort ist der andere helfend zur Stelle.

Gebet
Herr Jesus Christus,
als du auf dem Leidensweg am Ende deiner Kräfte angelangt warst,
rief man Simon von Zyrene,
und zu zweit habt ihr die Last geschultert.
Sende auch mir und allen mit Leid Beladenen Mitmenschen,
die bereit sind, die Last des Lebens mitzutragen,
damit neue Hoffnung in uns aufkeimen kann. Amen.

V: Kreuz, du bist für viele Menschen
Gottes offenes Lesebuch:
A: Hüllst uns ein in seine Liebe,
bergend wie ein großes Tuch.

Liedstrophe / Musik

VI. Station: Veronika reicht Jesus das Schweißtuch dar

V: Dein Kreuz, o Herr, wollen tief geneigt wir verehren
und deine heilige Auferstehung rühmen und preisen wir.
A: Seht, durch das Kreuz kam Freude in alle Welt.

Lesung aus dem Buch der Psalmen
»Alle, die mich sehen, verlachen mich,
verziehen die Lippen, schütteln den Kopf.« (Ps 22,8)

Impuls zum Bild
Mein größter Wunsch in dieser Zeit:
Dich schauen einst in Ewigkeit. – *Stille*

V: »Du sollst dir kein Bildnis von Gott machen.« (vgl. Ex 20, 4–5)
A: Hier zeigt sich sein Antlitz in menschlicher Gestalt.
V: So erfüllt sich des Menschen Urwunsch,
A: den Herrn zu schauen – von Angesicht zu Angesicht.

Gebet
Herr Jesus Christus,
du hast in das Tuch Veronikas,
mit dem sie dir den Schweiß vom Gesicht wischen wollte,
dein Antlitz eingeprägt.
Präge dein Angesicht tief in meine Seele ein,
damit ich dich mit den Augen des Glaubens erkenne
und von Herzen bekenne:
Mein Herr und mein Gott. Amen.

V: Kreuz, du bist für viele Menschen
Gottes offenes Lesebuch:
A: Hüllst uns ein in seine Liebe,
bergend wie ein großes Tuch.

Liedstrophe / Musik

VII. Station: Jesus fällt zum zweiten Mal

V: Dein Kreuz, o Herr, wollen tief geneigt wir verehren
und deine heilige Auferstehung rühmen und preisen wir.
A: Seht, durch das Kreuz kam Freude in alle Welt.

Lesung aus dem Buch der Psalmen
*»Ich aber bin ein Wurm und kein Mensch,
der Leute Spott, vom Volk verachtet.« (Ps 22, 7)*

Impuls zum Bild
Wenn alle sich von mir abwenden,
dann segne mich mit Herz und Händen. – *Stille*

V: Wo die Kraftreserven sich neigen,
A: dort hilft der Herr wieder auf.
V: Wo es kein Weiterkommen zu geben scheint,
A: dort weist der Herr den Weg.

Gebet
Herr Jesus Christus,
wie du komme auch ich immer wieder an jenen Punkt,
wo die auf mir liegende Last
mich seelisch zu Boden drückt und entkräftet.
Stecke im Dunkel meines Lebens immer wieder dein Licht an,
damit ich erkenne,
dass jeder Tunnel ein Ende hat,
und ich sehe, wie es mit deiner Hilfe weitergeht. Amen.

V: Kreuz, du bist für viele Menschen
Gottes offenes Lesebuch:
A: Hüllst uns ein in seine Liebe,
bergend wie ein großes Tuch.

Liedstrophe / Musik

VIII. Station: Jesus begegnet den weinenden Frauen

V: Dein Kreuz, o Herr, wollen tief geneigt wir verehren
und deine heilige Auferstehung rühmen und preisen wir.
A: Seht, durch das Kreuz kam Freude in alle Welt.

Lesung aus dem Buch der Psalmen
*»Mein Herz pochte heftig, meine Kraft hat mich verlassen,
das Licht meiner Augen, auch sie sind erloschen.« (Ps 38, 11)*

Impuls zum Bild
Das Wort verstummt – der Tränen Fluss
spricht mehr als Worte, wie ein Kuss. – *Stille*

V: Falsches Mitleid verletzt und reißt neue Wunden,
A: wahres Mitgefühl stiftet Gemeinschaft mit dem Geschundenen.
V: Zuneigung im Geiste
A: bewirkt Zuneigung der Herzen.

Gebet
Herr Jesus Christus,
bei deinem Anblick
haben die Frauen ihren Tränen freien Lauf gelassen.
Sieh auf alle Frauen,
die unterdrückt, ausgebeutet und missbraucht werden,
höre ihr Schreien, schau auf ihre Tränen
und lasse Menschen ihren Lebensweg kreuzen,
die sie wieder aufrichten. Amen.

V: Kreuz, du bist für viele Menschen
Gottes offenes Lesebuch:
A: Hüllst uns ein in seine Liebe,
bergend wie ein großes Tuch.

Liedstrophe / Musik

IX. Station: Jesus fällt zum dritten Mal

V: Dein Kreuz, o Herr, wollen tief geneigt wir verehren
und deine heilige Auferstehung rühmen und preisen wir.
A: Seht, durch das Kreuz kam Freude in alle Welt.

Lesung aus dem Buch der Psalmen
*»Wälze die Last auf den HERRN. Er soll ihn befreien,
er reiße ihn heraus, wenn er an ihm Gefallen hat.« (Ps 22, 9)*

Impuls zum Bild
Und fall' auch ich auf meinen Wegen,
dann hilf mir auf, dem Ziel entgegen. – *Stille*

V: Ob es da noch ein Weiterkommen gibt,
A: wo alles, wo er am Boden liegt?
V: Ob noch Zukunft und Hoffnung besteht,
A: wo Verzweiflung um sich greift?

Gebet
Herr Jesus Christus,
fallen kann jeder, fallen ist keine Schande,
Liegen bleiben macht Angst.
Wenn mich der Mut verlässt,
wenn ich am Sinn des Lebens zweifle,
wenn ich nicht mehr weiterweiß noch -will,
dann lass mich dich,
den am Kreuz Erhöhten, schauen,
und ziehe mich an dich. Amen.

V: Kreuz, du bist für viele Menschen
Gottes offenes Lesebuch:
A: Hüllst uns ein in seine Liebe,
bergend wie ein großes Tuch.

Liedstrophe / Musik

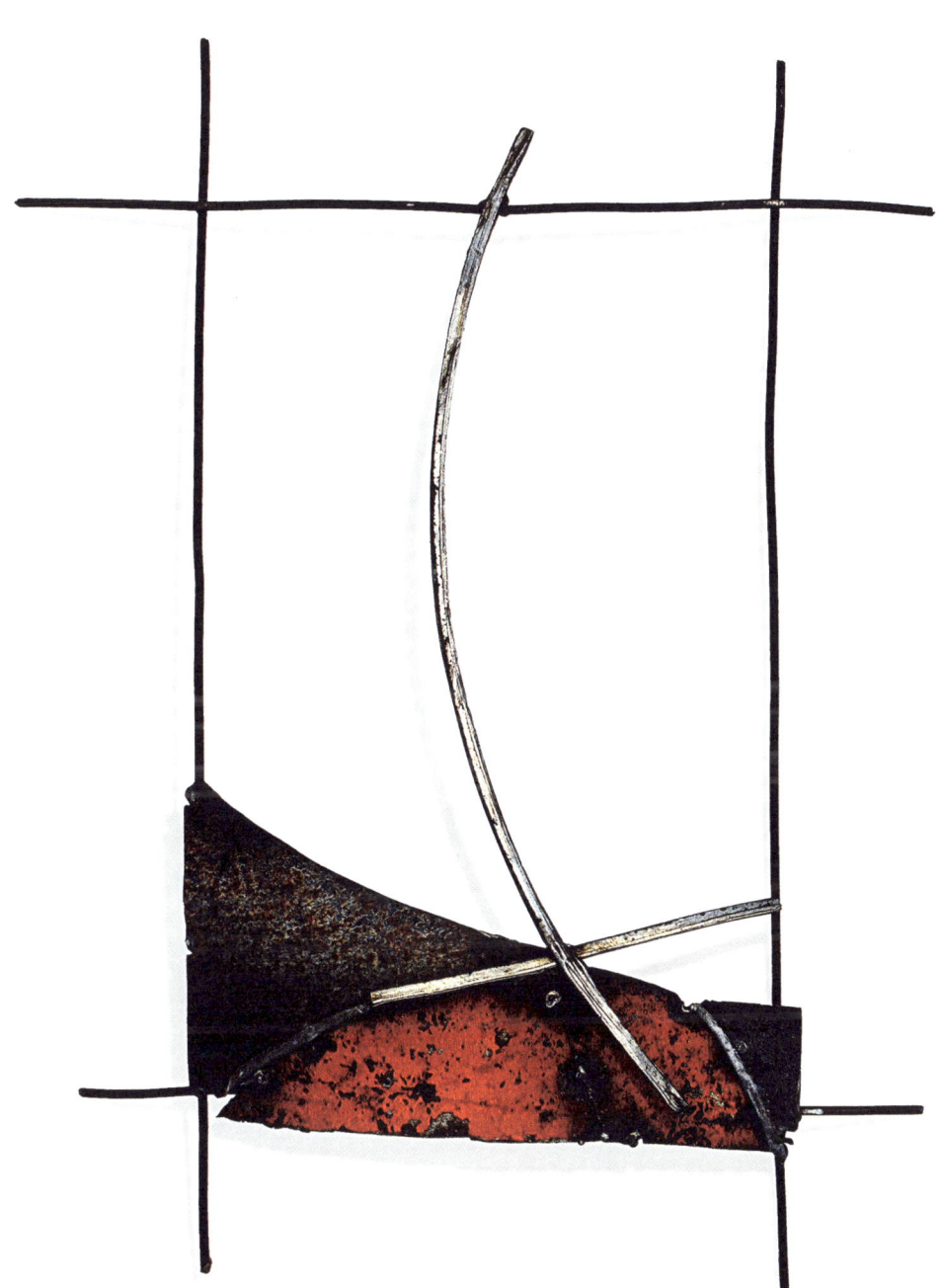

X. Station: Jesus wird seiner Kleider beraubt

V: Dein Kreuz, o Herr, wollen tief geneigt wir verehren
und deine heilige Auferstehung rühmen und preisen wir.
A: Seht, durch das Kreuz kam Freude in alle Welt.

Lesung aus dem Buch der Psalmen
*»Sie verteilen unter sich meine Kleider
und werfen das Los um mein Gewand.« (Ps 22, 19)*

Impuls zum Bild
Und zieht man mich in Dreck und Schmutz,
dann sei dein Blick mir bergend' Schutz. – *Stille*

V: Was tut man auch heute,
wenn man einen Menschen treffen will?
A: Man reißt ihm die Kleider vom Leibe.
V: Was tut man auch heute,
wenn man einen Menschen zerstören will?
A: Man streut Gerüchte.

Gebet
Herr Jesus Christus,
einem jeden Menschen hast du unantastbare Würde verliehen
und ihn so vor allen Geschöpfen ausgezeichnet.
Hilf mir, die Würde aller Menschen, auch der Entrechteten,
zu achten und mich schützend vor jene zu stellen,
die, der Würde entblößt,
den gierigen Blicken und verachtenden Urteilen ausgesetzt sind. Amen.

V: Kreuz, du bist für viele Menschen
Gottes offenes Lesebuch:
A: Hüllst uns ein in seine Liebe,
bergend wie ein großes Tuch.

Liedstrophe / Musik

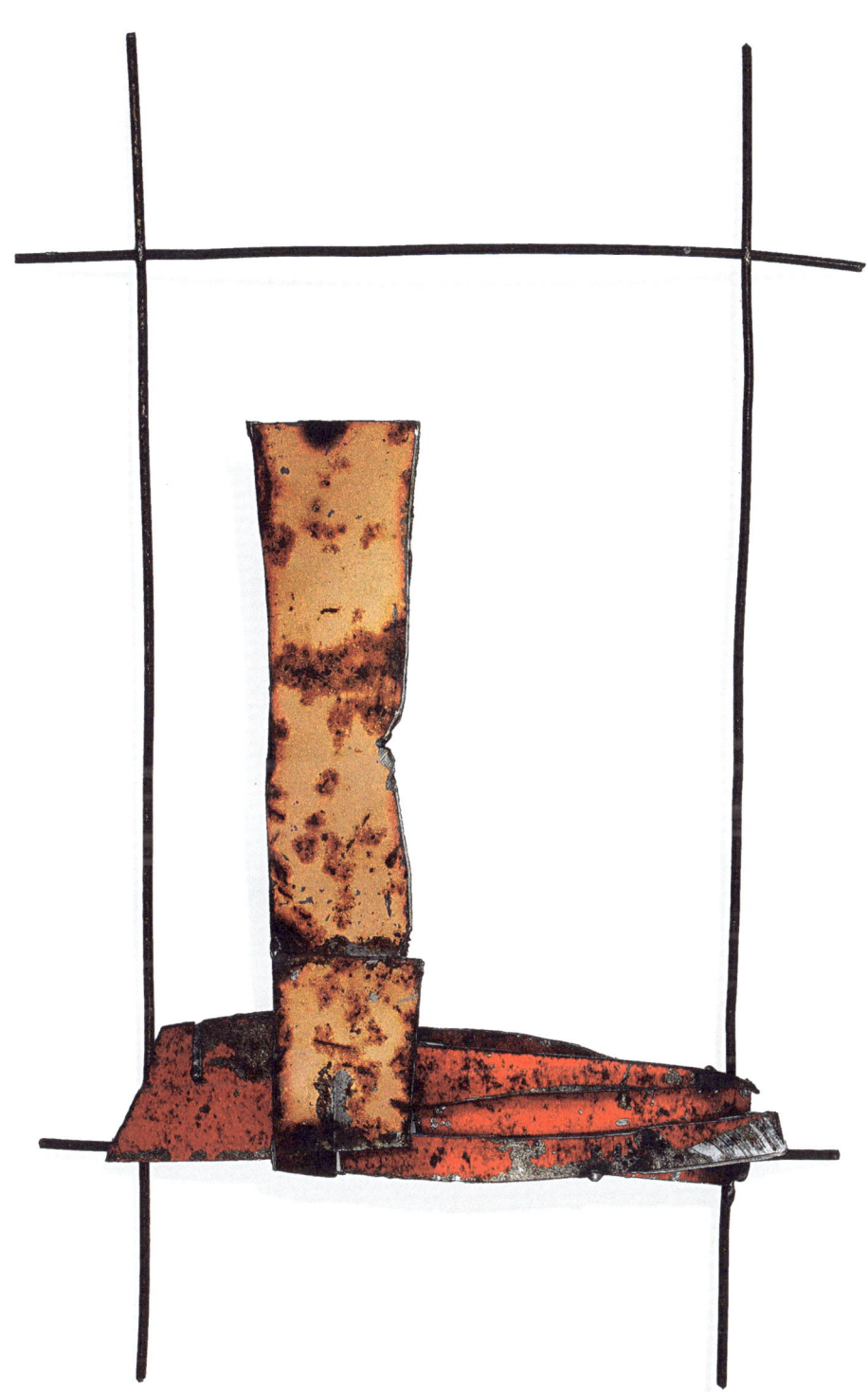

XI. Station: Jesus wird ans Kreuz genagelt

V: Dein Kreuz, o Herr, wollen tief geneigt wir verehren
und deine heilige Auferstehung rühmen und preisen wir.
A: Seht, durch das Kreuz kam Freude in alle Welt.

Lesung aus dem Buch der Psalmen
*»Mein Gott, mein Gott, warum hast du mich verlassen,
bleibst fern meiner Rettung, den Worten meines Schreiens?«* (Ps 22,2)

Impuls zum Bild
Was war wohl schlimmer an dem Orte,
der Schlag des Hammers oder Worte? – *Stille*

V: Manchmal genügen kleine Spitzen,
A: um einen Menschen zu kreuzigen.
V: Manchmal genügt ein böser Blick,
A: um einen Menschen zu töten.

Gebet
Herr Jesus Christus,
Liebe zu uns Menschen war es,
die dich ans Kreuz angenagelt hat,
Liebe, mit der du mich an dich binden wolltest.
Gürte du mich, Herr,
nimm meine Hände und führe mich
und lass mich vertrauensvoll mit dir gehen – dem Ziel entgegen. Amen.

V: Kreuz, du bist für viele Menschen
Gottes offenes Lesebuch:
A: Hüllst uns ein in seine Liebe,
bergend wie ein großes Tuch.

Liedstrophe / Musik

XII. Station: Jesus stirbt am Kreuz

V: Dein Kreuz, o Herr, wollen tief geneigt wir verehren
    und deine heilige Auferstehung rühmen und preisen wir.
A: Seht, durch das Kreuz kam Freude in alle Welt.

Lesung aus dem Buch der Psalmen
*»Ja, ich bin dem Fallen nahe, immer ist vor mir mein Schmerz.
Verlass mich nicht, HERR, mein Gott, bleib mir nicht fern!
Eile mir zu Hilfe, HERR, du mein Heil!« (Ps 38,18.22–23)*

Impuls zum Bild
Was keiner sonst mir je würd' geben:
Du gibst's aus Liebe, gibst dein Leben. – *Stille*

V: Erhöht auf Golgota kann man ihn nicht übersehen;
A: kein Blick kommt an ihm vorbei.
V: Erhöht auf Golgota sticht er allen ins Auge
A: und das Herz sagt: Hier hängt die Liebe.

Gebet
Herr Jesus Christus,
wie sehr musst du mich lieben,
dass du alles für mich gabst, selbst dein Leben.
Lass mich dein Beispiel nachahmen und befähige mich,
dich mit ganzem Herzen zu lieben,
dir grenzenlos zu vertrauen und mich dir ganz hinzugeben. Amen.

V: Kreuz, du bist für viele Menschen
    Gottes offenes Lesebuch:
A: Hüllst uns ein in seine Liebe,
    bergend wie ein großes Tuch.

Liedstrophe / Musik

XIII. Station: Jesus wird vom Kreuz abgenommen und in den Schoß seiner Mutter gelegt

V: Dein Kreuz, o Herr, wollen tief geneigt wir verehren
und deine heilige Auferstehung rühmen und preisen wir.
A: Seht, durch das Kreuz kam Freude in alle Welt.

Lesung aus dem Buch der Psalmen
»Du bist es, der mich aus dem Schoß meiner Mutter zog, der mich anvertraut der Brust meiner Mutter. Von Geburt an bin ich geworfen auf dich, vom Mutterleib an bist du mein Gott.« (Ps 22,10–11)

Impuls zum Bild
Gern schlöss ich statt der Mutter dein,
dich zärtlich in die Arme mein. – *Stille*

V: Traurige Gewissheit: Das Kind ist tot.
A: Traurige Gewissheit: Hier liegt der Erlöser der Welt.
V: Gewissheit im Glauben: Dies ist nicht sein Ende.
A: Gewissheit im Glauben: Wir werden mit ihm leben.

Gebet
Herr Jesus Christus,
der Anblick der Mutter mit dem toten Sohn im Schoß erregt Mitleid – Pietà.
Habe Mitleid mit allen Müttern und Vätern,
die um ihre toten Kinder weinen,
die ihre Hoffnung verloren haben,
die keine sinnvolle Zukunft erkennen können,
und lasse die feinen Strahlen des österlichen Lebens
die Nebel des Leides durchdringen. Amen.

V: Kreuz, du bist für viele Menschen
Gottes offenes Lesebuch:
A: Hüllst uns ein in seine Liebe,
bergend wie ein großes Tuch.

Liedstrophe / Musik

XIV. Station: Der Leichnam Jesu wird ins Grab gelegt

V: Dein Kreuz, o Herr, wollen tief geneigt wir verehren
und deine heilige Auferstehung rühmen und preisen wir.
A: Seht, durch das Kreuz kam Freude in alle Welt.

Lesung aus dem Buch der Psalmen
*»Mit Leid ist meine Seele gesättigt, mein Leben berührt die Totenwelt.
Schon zähle ich zu denen, die hinabsteigen in die Grube, bin wie ein Mensch,
in dem keine Kraft mehr ist.« (Ps 88,4–5)*

Impuls zum Bild
Jetzt herrschet Dunkel, schweigt das Licht,
doch bald schon jener Tag anbricht,
dem nie mehr folgen wird die Nacht.
Denn sie ist tot, das Leben lacht. – *Stille*

V: Ob Grab oder Urne – es ist vorbei.
A: Ob Grab oder Urne – die Enttäuschung ist groß.
V: Grab, Urne oder Stein: Sie können ihn nicht halten.
A: Grab, Urne oder Stein: Er stößt durch zu neuem Leben.

Gebet
Herr Jesus Christus,
während die Augen des Leibes ein Scheitern zu erkennen meinen,
sehen die Augen der Seele weiter und tiefer
und sie erkennen:
Dein Tod hat unseren Tod vernichtet,
deine Auferstehung uns neues Leben erworben.
Lass uns in der Stunde unseres Todes nicht im Dunkel,
sondern führe uns dem österlichen Licht entgegen. Amen.

V: Kreuz, du bist für viele Menschen
Gottes offenes Lesebuch:
A: Hüllst uns ein in seine Liebe,
bergend wie ein großes Tuch.

Liedstrophe / Musik

II.4 Andacht: Zugewandt
Der Kreuzweg von Valter Gatti

»zugewandt«, so nennt der im italienischen Brugherio, nahe Monza, lebende Künstler Valter Gatti die 14 Blätter seines Kreuzwegzyklus.

Die 70 × 50 cm großen, in Pastell gefertigten Kreuzwegbilder zeigen in realistischer Darstellung den Leidensweg Jesu.

Valter Gatti gehört zur »associazione per l'arte Le STELLE«, einem Zusammenschluss italienischer katholischer Künstler im lombardischen Brescia, mit der die KünstlerSeelsorge des Bistums Passau seit mehr als einem Jahrzehnt ertragreich zusammenarbeitet.

Valter Gatti wurde 1952 in Monza geboren. Er lebt und arbeitet in Brugherio. Ende der 1960er-Jahre schloss er sich der künstlerischen Vereinigung »Villa Sormani« und der Gruppe »tre re« an. Bevorzugte Malobjekte sind Porträts und Landschaften, bei deren Darstellung er auf eine poetische Verklärung der Realität abzielt.

Unter anderem hat er im Domschatz- und Diözesanmuseum Passau, in Brescia, Concesio, Viganó und in der Schatzkammer Altötting ausgestellt.

Fotos S. 75–101: © Valter Gatti

I. Station: Jesus wird zum Tode verurteilt

V: Wir beten dich an, Herr Jesus Christus, und preisen dich.
A: Denn durch dein heiliges Kreuz hast du die Welt erlöst.

Aus dem heiligen Evangelium nach Johannes
»Die Soldaten … nahmen Jesus fest, fesselten ihn und führten ihn zuerst zu Hannas; er war nämlich der Schwiegervater des Kajaphas, der in jenem Jahr Hohepriester war.« (vgl. Joh 18,12)

Impuls zum Bild
Abgestempelt.
Verurteilt.
Erst Vorurteil, dann Urteil.
Frei von Fesseln
wird so der Mensch in Ketten gelegt.

Anregung zur Meditation
Für gewöhnlich sind wir sehr stolz, freie Menschen in einem freien Land zu sein. Als freie Bürger ergreifen wir zu Recht Partei für jene Parteien, die nicht diese Vorteile der Demokratie genießen können.
- Doch wie frei sind wir wirklich?
- Was fesselt mich?
- Was hält mich gefangen?
- Was hält mich vom Leben ab?
- Weiß ich die Freiheit zu schätzen? – *Stille*

V: Geheimnis des Glaubens.
A: Deinen Tod, o Herr, verkünden wir,
und deine Auferstehung preisen wir,
bis du kommst in Herrlichkeit.

Liedstrophe / Musik

II. Station: Jesus nimmt das Kreuz auf seine Schulter

V: Wir beten dich an, Herr Jesus Christus, und preisen dich.
A: Denn durch dein heiliges Kreuz hast du die Welt erlöst.

Aus dem heiligen Evangelium nach Markus
*»Pilatus lieferte Jesus, nachdem er ihn hatte geißeln lassen,
zur Kreuzigung aus.« (Mk 15,15b)*

Impuls zum Bild
Schrei. Aufschrei.
Aufbegehren gegen einen Weg,
an dessen Ende der Tod wartet.
Welcher Mensch würde da nicht
schreiend um Erbarmen flehen?

Anregung zur Meditation
Fraglos. Jesu Verurteilung war nicht das Ergebnis eines fairen Prozesses, sondern Bestätigung eines längst gefällten Vor-Urteils. Sein Schicksal stand schon vor Prozessbeginn fest. Das lässt uns innerlich revoltieren und fragen:
- Habe ich Mitleid mit dem ungerecht verurteilten Gerechten?
- Erhebe ich meine Stimme, wenn ich erkenne, dass Menschen unfair, ja ungerecht behandelt werden?
- Wie gerecht bin ich selbst?
- Ist Jesu Botschaft Maßstab meines Handelns? – *Stille*

V: Geheimnis des Glaubens.
A: Deinen Tod, o Herr, verkünden wir,
und deine Auferstehung preisen wir,
bis du kommst in Herrlichkeit.

Liedstrophe / Musik

III. Station: Jesus fällt zum ersten Mal

V: Wir beten dich an, Herr Jesus Christus, und preisen dich.
A: Denn durch dein heiliges Kreuz hast du die Welt erlöst.

Aus dem heiligen Evangelium nach Johannes
»Jesus selbst trug das Kreuz und ging hinaus zur sogenannten Schädelstätte, die auf Hebräisch Golgota heißt.« (Joh 19,17)

Impuls zum Bild
Bedrückt. Niedergedrückt.
Schließlich zu Boden geworfen.
Dieses Kreuz haut selbst ihn,
den stärksten Menschen, um.

Anregung zur Meditation
Unseren Lebensweg kreuzen Menschen, die, von physischem und psychischem Leid niedergedrückt, am aufrechten Gang gehindert werden.
- Was macht das Kreuz mit einem Menschen?
- Helfe ich denen auf, die zu Boden gesunken sind?
- Drückt Jesu Joch wirklich nicht?
- Ist seine Last tatsächlich leicht? *(vgl. Mt 11,30)*

Manchmal würge ich beim Hören dieses Satzes
und möchte ihn gerne umformulieren:
Denn deine Last drückt ganz ordentlich
und dein Joch ist alles andere als leicht. – *Stille*

V: Geheimnis des Glaubens.
A: Deinen Tod, o Herr, verkünden wir,
und deine Auferstehung preisen wir,
bis du kommst in Herrlichkeit.

Liedstrophe / Musik

IV. Station: Jesus begegnet seiner Mutter

V: Wir beten dich an, Herr Jesus Christus, und preisen dich.
A: Denn durch dein heiliges Kreuz hast du die Welt erlöst.

Aus dem heiligen Evangelium nach Lukas
»Deine Seele wird ein Schwert durchdringen.« (Lk 2,35a)

Impuls zum Bild
Zugewandt. Zum Sohn gewandt.
Was haben sie nur aus diesem Menschen gemacht!
Sie hat nur Augen für ihn – allein.

Anregung zur Meditation
Was muten Menschen ihren Mitmenschen alles zu! Was müssen Menschen nur an Leid und Elend, an Not und Tod anschauen und ertragen! Manchmal übersteigt der Blick in den Abgrund das dem Menschen zumutbare Maß und prägt sich so unauslöschlich im Gedächtnis ein.

- Was bin ich bereit zu tragen?
- Bin ich schnell an meiner Grenze?
- Trage ich die Last anderer mit?
- Kann ich sie aufbauen und trösten?
- Habe ich selbst schon einmal in den »Abgrund« geblickt? – *Stille*

V: Geheimnis des Glaubens.
A: Deinen Tod, o Herr, verkünden wir,
und deine Auferstehung preisen wir,
bis du kommst in Herrlichkeit.

Liedstrophe / Musik

IV

V. Station: Simon von Zyrene hilft Jesus das Kreuz tragen

V: Wir beten dich an, Herr Jesus Christus, und preisen dich.
A: Denn durch dein heiliges Kreuz hast du die Welt erlöst.

Aus dem heiligen Evangelium nach Lukas
»Als sie Jesus hinausführten, ergriffen sie Simon, einen Mann aus Zyrene …
Ihm luden sie das Kreuz auf, damit er es hinter Jesus hertrage.« (vgl. Lk 23,26)

Impuls zum Bild
Zwangsverpflichtet, doch zupackend.
Wo des Menschen Kräfte versagen,
greift Simon ihm unter die Arme.

Anregung zur Meditation
Leben kommt immer wieder an eine Grenze, wo es alleine nicht weitergeht, wo die Hilfe anderer erforderlich ist. Wer von uns wäre gerade in solcher Situation für die Hilfe anderer, für deren tatkräftiges Zupacken und aufbauendes Wort nicht schon froh und dankbar gewesen!
- Fühle ich mich innerlich verpflichtet, anderen unter die Arme zu greifen?
- Bin ich für die Hilfe anderer dankbar?
- Wie weit geht meine Hilfsbereitschaft?
- Kann ich mich im Dienst am Nächsten vergessen? – *Stille*

V: Geheimnis des Glaubens.
A: Deinen Tod, o Herr, verkünden wir,
und deine Auferstehung preisen wir,
bis du kommst in Herrlichkeit.

Liedstrophe / Musik

V

VI. Station: Veronika reicht Jesus das Schweißtuch dar

V: Wir beten dich an, Herr Jesus Christus, und preisen dich.
A: Denn durch dein heiliges Kreuz hast du die Welt erlöst.

Kurzlesung aus Psalm 27
»*Dein Angesicht, Herr, will ich suchen, verbirg nicht dein Gesicht vor mir.*«
(*Psalm 27,8c–9a*)

Impuls zum Bild
Hinschauen. Bewusst hinschauen,
auf diesen Menschen schauen,
wo andere wegschauen.
Sein unvergessliches Antlitz:
ihres Blickes Lohn.

Anregung zur Meditation
Was Veronika mit ihrem beherzten Eingreifen auf dem Kreuzweg tatsächlich in und für Jesus bewirkt hat, wird für immer verborgen bleiben. Aber wir kennen die Erfahrung, wie ehrliches Mitleid anderer uns zu trösten vermochte.
- Kann ich mit anderen Menschen mitfühlen?
- Kann ich mich in ihre Lage hineinversetzen?
- Kann ich Tränen trocknen?
- Zuspruch und Ermutigung geben? – *Stille*

V: Geheimnis des Glaubens.
A: Deinen Tod, o Herr, verkünden wir,
und deine Auferstehung preisen wir,
bis du kommst in Herrlichkeit.

Liedstrophe / Musik

VII. Station: Jesus fällt zum zweiten Mal

V: Wir beten dich an, Herr Jesus Christus, und preisen dich.
A: Denn durch dein heiliges Kreuz hast du die Welt erlöst.

Aus dem heiligen Evangelium nach Markus
»Die Leute, die vorbeikamen, verhöhnten Jesus.« (Mk 15,29a)

Impuls zum Bild
Des Menschen Hand.
Sie sucht, tastet,
sie greift – ins Nichts?
Es gibt sie, die zweite Hand.
Unsichtbar und doch real: Gottes Hand.

Anregung zur Meditation
Wer allein nicht mehr weiterweiß, sucht gerne die helfende Hand anderer.
Er greift nach jedem Strohhalm der Hoffnung, der sich ihm bietet.
- Durfte ich schon in schwieriger Lebenslage die Hilfe anderer erfahren?
- Habe ich mich hierfür bei ihnen und bei Gott bedankt?
- Nehme ich wahr, wenn andere meine helfende Hand,
  mein tröstendes Wort, meinen liebevollen Blick brauchen?
- Nimmt mein Blick die Leidenden noch wahr? – *Stille*

V: Geheimnis des Glaubens.
A: Deinen Tod, o Herr, verkünden wir,
und deine Auferstehung preisen wir,
bis du kommst in Herrlichkeit.

Liedstrophe / Musik

VII

VIII. Station: Jesus begegnet den weinenden Frauen

V: Wir beten dich an, Herr Jesus Christus, und preisen dich.
A: Denn durch dein heiliges Kreuz hast du die Welt erlöst.

Aus dem heiligen Evangelium nach Lukas
»Es folgte Jesus eine große Menge des Volkes, darunter auch Frauen, die um ihn klagten und weinten.« (Lk 23,27)

Impuls zum Bild
Eingehüllt.
Bedeckt.
Verhüllt.
Verschämt um sich blickend.
Wer vermag dem Hilfe suchenden Blick
des gepeinigten Menschen standzuhalten?

Anregung zur Meditation
Wenn Leid unsagbar wird, weil hierfür kein Vokabular mehr zur Verfügung steht, dann bricht es sich in der Sprache der Tränen Bahn, einer Sprache, die, ohne dass sie erlernt werden müsste, weltweit von allen Menschen verstanden wird.

- Kann ich mit den Weinenden weinen?
- … und mit den Lachenden lachen?
- Bemühe ich mich, wie Paulus allen alles zu werden? *(vgl. 1 Kor 9,22)*
- Rührt mich, in einer von Männern dominierten Welt, das Leid von Frauen an? – *Stille*

V: Geheimnis des Glaubens.
A: Deinen Tod, o Herr, verkünden wir,
und deine Auferstehung preisen wir,
bis du kommst in Herrlichkeit.

Liedstrophe / Musik

VIII

IX. Station: Jesus fällt zum dritten Mal

V: Wir beten dich an, Herr Jesus Christus, und preisen dich.
A: Denn durch dein heiliges Kreuz hast du die Welt erlöst.

Aus dem heiligen Evangelium nach Matthäus
»Er hat auf Gott vertraut, der soll ihn jetzt retten, wenn er an ihm Gefallen hat.«
(Mt 27,43a)

Impuls zum Bild
Wenn jetzt noch einer hört, dann Gott.
Wenn jetzt noch einer hinschaut, dann Gott.
Wenn jetzt noch einer helfen kann, dann Gott.
Er ist des Menschen Rettung.

Anregung zur Meditation
Wo angesichts des Leids die Sprache verstummt, dort sprechen Tränen, dort kann der Mensch nur mehr eines artikulieren: einen Schrei, einen lauten, Herz erweichenden, um Hilfe bettelnden Schrei, mit dem er sich zum Herrn wendet. *(vgl. Psalm 142, 2)*
- Darf der Beter auch schreien?
- Kann Schreien auch eine verzweifelte Form des Gebetes sein?
- Habe ich schon zum Herrn geschrien? – *Stille*

Wo das Gebet beim Herrn auf taube Ohren zu treffen scheint,
wo keine Reaktion seitens Gottes erkennbar ist,
dort darf der Beter vor Gott auch schreien.

V: Geheimnis des Glaubens.
A: Deinen Tod, o Herr, verkünden wir,
   und deine Auferstehung preisen wir,
   bis du kommst in Herrlichkeit.

Liedstrophe / Musik

IX

X. Station: Jesus wird seiner Kleider beraubt

V: Wir beten dich an, Herr Jesus Christus, und preisen dich.
A: Denn durch dein heiliges Kreuz hast du die Welt erlöst.

Aus dem heiligen Evangelium nach Johannes
*»Die Soldaten verteilten meine Kleider unter sich
und warfen das Los um mein Gewand.« (Joh 19,24b)*

Impuls zum Bild
Bekleidet.
Entkleidet.
Schutzlos.
Wehrlos.
Ausgeliefert.
Beraubt.
Jeglicher Würde.
Missbrauch am Menschen.

Anregung zur Meditation
»Die Würde des Menschen ist unantastbar.« *(Grundgesetz Artikel 1)*
Diese Überzeugung scheinen längst nicht alle Erdenbewohner uneingeschränkt zu teilen.

- Gehe ich mit meinen Mitmenschen würdevoll um?
- Achte ich ihre Rechte und Freiheiten?
- Kann ich mich anderen gegenüber zurücknehmen?
- Erhebe ich meine Stimme, wo die Würde anderer mit Füßen getreten wird? – *Stille*

V: Geheimnis des Glaubens.
A: Deinen Tod, o Herr, verkünden wir,
und deine Auferstehung preisen wir,
bis du kommst in Herrlichkeit.

Liedstrophe / Musik

X

XI. Station: Jesus wird ans Kreuz genagelt

V: Wir beten dich an, Herr Jesus Christus, und preisen dich.
A: Denn durch dein heiliges Kreuz hast du die Welt erlöst.

Aus dem heiligen Evangelium nach Johannes
*»Dort kreuzigten sie ihn und mit ihm zwei andere,
auf jeder Seite einen, in der Mitte aber Jesus.« (Joh 19,18)*

Impuls zum Bild
Angezählt.
Wer so daliegt, steht nicht mehr auf.
Wer so geschlagen ist, wird nicht mehr heil.
Des Menschen Lebenszeit: ausgezählt.

Anregung zur Meditation
»Kreuzigungen sind Beispiele einer grausamen Hinrichtungsart der Antike.« Wer so denkt, hat leider weit gefehlt, denn auch heute werden Menschen ihrer politischen oder religiösen Überzeugung oder ihrer Ethnie wegen gekreuzigt und zu Tode gefoltert.

- Fühlte ich mich schon einmal gekreuzigt?
- In welcher konkreten Situation?
- Habe ich an der »Kreuzigung« anderer schon einmal mitgewirkt?
- Schreite ich ein, wo man andere leichtfertig zur »Kreuzigung« führt? – *Stille*

V: Geheimnis des Glaubens.
A: Deinen Tod, o Herr, verkünden wir,
und deine Auferstehung preisen wir,
bis du kommst in Herrlichkeit.

Liedstrophe / Musik

XI

XII. Station: Jesus stirbt am Kreuz

V: Wir beten dich an, Herr Jesus Christus, und preisen dich.
A: Denn durch dein heiliges Kreuz hast du die Welt erlöst.

Aus dem heiligen Evangelium nach Johannes
»Einer der Soldaten stieß mit der Lanze in seine Seite und sogleich floss Blut und Wasser heraus.« (Joh 19,34)

Impuls zum Bild
Des Menschen-Quälens kein Ende.
Nun auch noch die Lanze.
Römischer Exekutionsperfektionismus.
Rom geht auf Nummer todsicher!

Anregung zur Meditation
»Gott stirbt als Mensch!« *(Papst Benedikt XVI.)*
Welch gewagtes, unglaubliches, schwer nachvollziehbares und doch wahres Wort.
Gott stirbt als Mensch, damit der Mensch Zugang zu Gott findet.
- Wie weit bin ich bereit für Gott zu gehen?
- Setze ich in meinem Leben alles auf eine Karte, auf Gott?
- Oder komme zuerst ich und dann lange nichts und niemand?
- Würde ich im Ernstfall mein Leben wagen? – *Stille*

V: Geheimnis des Glaubens.
A: Deinen Tod, o Herr, verkünden wir,
und deine Auferstehung preisen wir,
bis du kommst in Herrlichkeit.

Liedstrophe / Musik

XII

XIII. Station: Jesus wird vom Kreuz abgenommen und in den Schoß seiner Mutter gelegt

V: Wir beten dich an, Herr Jesus Christus, und preisen dich.
A: Denn durch dein heiliges Kreuz hast du die Welt erlöst.

Aus dem heiligen Evangelium nach Johannes
»Josef aus Arimatäa … bat Pilatus, den Leichnam abnehmen zu dürfen, und Pilatus erlaubte es.« (vgl. Joh 19,38)

Impuls zum Bild
Pietà! Erbarmen!
Mit ihm? Mit ihr?
Mit beiden!
Mit diesem Menschen.
Mit den Frauen am Weg.
Und seiner Mutter Maria.

Anregung zur Meditation
»Was gibt es Ärgeres für eine Mutter, als in das Grab ihres eigenen Kindes zu schauen!«, so fragt zu Recht der Volksmund. Lieber stürbe sie wohl selbst.
- Kann ich ermessen, was eine Mutter in solcher Situation fühlt?
- Kann ich mit der Mutter mitleiden, mitfühlen?
- Kann ich mit ihr weinen?
- Bin ich schweigend da, wenn meine Anwesenheit zu trösten vermag? – *Stille*

V: Geheimnis des Glaubens.
A: Deinen Tod, o Herr, verkünden wir,
und deine Auferstehung preisen wir,
bis du kommst in Herrlichkeit.

Liedstrophe / Musik

XIII

XIV. Station: Der Leichnam Jesu wird ins Grab gelegt

V: Wir beten dich an, Herr Jesus Christus, und preisen dich.
A: Denn durch dein heiliges Kreuz hast du die Welt erlöst.

Aus dem heiligen Evangelium nach Johannes
»An dem Ort, wo man ihn gekreuzigt hatte, war ein Garten und in dem Garten war ein neues Grab, in dem noch niemand bestattet worden war.« (Joh 19,41)

Impuls zum Bild
Was bleibt außer Folterwerkzeugen?
Erinnerung an einen guten Menschen?!
Die ersten Strahlen der Morgensonne künden:
»Wahrhaftig, dieser Mensch war Gottes Sohn!« (Mk 15,39)

Anregung zur Meditation
Nach menschlichem Ermessen ist spätestens am Grab alles aus und vorbei. Wenn der Sarg oder die Urne versenkt werden, signalisiert dies den definitiven Abschied vom Leben und allen Lebenden. Doch im Falle Jesu ist dies etwas anders.
- Tod, wo ist nun dein Sieg?
- Tod, wo ist dein Stachel?
- Tod, wo ist dein Gift?

Mag der Stein an des Grabes Rand noch so schwer sein,
er wird am Ostermorgen weggesprengt,
er kann das Leben, das ewige Leben nicht halten. – *Stille*

V: Geheimnis des Glaubens.
A: Deinen Tod, o Herr, verkünden wir,
und deine Auferstehung preisen wir,
bis du kommst in Herrlichkeit.

Liedstrophe / Musik

XIV

II.5 Andacht: Via Crucis »il pane spezzato« – gebrochenes Brot
Der Kreuzweg von Bruno Lucchi

Ungewöhnliches Material prägt diesen Kreuzweg – »Staub vom Erdboden« (Gen 2,7), sprich Lehm. Wie in der biblischen Schöpfungserzählung Gott, der Herr, den Menschen aus Lehm formt, so formt der bei Trient lebende Bruno Lucchi die folgenden Kreuzwegtafeln aus Ton und brennt sie.

Bruno Lucchi ist 1951 geboren, er lebt und arbeitet in Levico Terme bei Trient. Er absolvierte ein Studium an der Kunstakademie in Trient und an der Akademie der schönen Künste in Urbino.

Seine vorwiegenden Arbeitsmaterialien sind Ton, respektive Terrakotta, sowie Bronze, Porzellan und Corten-Stahl. Lucchi bevorzugt das große Format.

Mehr als 170 Einzelausstellungen fanden seit 1991 statt. Lucchi beteiligte sich an ca. 500 Gruppenausstellungen. Highlight seiner künstlerischen Tätigkeit war im Jahr 2013 eine Ausstellung im südfranzösischen Gap, die in Dialog mit Zeichnungen und Keramiken Pablo Picassos trat, sowie die große Ausstellung »Glaube im Dialog – fede in dialogo« im Jahr 2014 im Dommuseum Passau, »lo spazio abitato« in Trient und 2015 die Präsentation seines Kreuzweges »il panze spezato« in Brescia und Spectrum Kirche, Passau.

Im Jahr 2018 hat er auf der ehemaligen Habsburger Veste oberhalb von Levico Terme die viel beachtete Ausstellung »Parole scavate«, mit der an das Ende des Ersten Weltkrieges vor 100 Jahren erinnert wurde, ausgerichtet.

Fotos S. 105–133: © Bruno Lucchi

I. Station: Jesus wird zum Tode verurteilt

V: Wir beten dich an, Herr Jesus Christus, und preisen dich.
A: Denn durch dein heiliges Kreuz hast du die Welt erlöst.

Aus dem heiligen Evangelium nach Markus
»Die Hohenpriester und der ganze Hohe Rat bemühten sich um Zeugenaussagen gegen Jesus, um ihn zum Tod verurteilen zu können; sie fanden aber nichts. Viele machten zwar falsche Aussagen gegen ihn, aber die Aussagen stimmten nicht überein.« (Mk 14,55–56)

Impuls zum Bild
Heilige Zeichen?
Keine Geißel von Flagellanten,
sich selbst quälender Menschen,
sondern Werkzeuge des Martyriums.
Heilige Zeichen! – *Stille*

V: Aller, deren Rücken und Seele die Geißel des Leides zerfurcht,
A: erbarme dich, o Herr.
V: Aller, deren Haupt und Seele
   die Dornenkrone des Schmerzes durchbohrt,
A: erbarme dich, o Herr.

Gebet
Herr Jesus Christus,
ungerecht verurteilt,
erbarme dich aller,
die ohne fairen Prozess im Gefängnis sitzen.
Richte sie auf und verhilf der Wahrheit zum Sieg. Amen.

V: Herr Jesus Christus, wir sagen dir Dank und bekennen:
A: Deinen Tod, o Herr, verkünden wir
   und deine Auferstehung preisen wir,
   bis du kommst in Herrlichkeit. Amen.

Liedstrophe / Musik

II. Station: Jesus nimmt das Kreuz auf seine Schulter

V: Wir beten dich an, Herr Jesus Christus, und preisen dich.
A: Denn durch dein heiliges Kreuz hast du die Welt erlöst.

Aus dem heiligen Evangelium nach Markus
»Willst du denn nichts sagen zu dem, was diese Leute gegen dich vorbringen? Jesus aber schwieg und gab keine Antwort.« (Mk 14,60b. 61a)

Impuls zum Bild
Fragender Blick.
Zweifel im Gesicht.
Ist das zu meistern
für einen allein? – *Stille*

V: Aller, die den Blick nach oben richten,
    aber in ihrem Leid nichts mehr erkennen können,
A: erbarme dich, o Herr.
V: Aller, deren Augen angesichts des Leides gebrochen sind,
A: erbarme dich, o Herr.

Gebet
Herr Jesus Christus,
als alle mit dem Finger auf dich zeigten,
da hast du geschwiegen.
Steh allen bei,
die angesichts erlebter Ungerechtigkeit verstummt sind,
und lasse ihnen Gerechtigkeit widerfahren. Amen.

V: Herr Jesus Christus, wir sagen dir Dank und bekennen:
A: Deinen Tod, o Herr, verkünden wir
    und deine Auferstehung preisen wir,
    bis du kommst in Herrlichkeit. Amen.

Liedstrophe / Musik

III. Station: Jesus fällt zum ersten Mal

V: Wir beten dich an, Herr Jesus Christus, und preisen dich.
A: Denn durch dein heiliges Kreuz hast du die Welt erlöst.

Aus dem heiligen Evangelium nach Markus
»Die Hohepriester ließen ihn fesseln und abführen und lieferten ihn Pilatus aus. Pilatus fragte ihn: Bist du der König der Juden? Jesus antwortete ihm: Du sagst es.« (Mk 15,1b.2)

Impuls zum Bild
Umwerfend.
Den Stärksten haut die Last des Kreuzes um.
Wie weit kommt einer allein,
schafft er es ins Ziel? – *Stille*

V: Aller, deren Leben kopfsteht,
A: erbarme dich, o Herr.
V: Aller, die das Schicksal völlig gewendet hat,
A: erbarme dich, o Herr

Gebet
Herr Jesus Christus,
wenn die Last zu schwer wird,
droht der Mensch daran zu zerbrechen.
Gehe du an der Seite der Leidbeladenen,
damit sie sich erheben
und ihren Lebensweg fortsetzen können. Amen.

V: Herr Jesus Christus, wir sagen dir Dank und bekennen:
A: Deinen Tod, o Herr, verkünden wir
und deine Auferstehung preisen wir,
bis du kommst in Herrlichkeit. Amen.

Liedstrophe / Musik

IV. Station: Jesus begegnet seiner Mutter

V: Wir beten dich an, Herr Jesus Christus, und preisen dich.
A: Denn durch dein heiliges Kreuz hast du die Welt erlöst.

Aus dem heiligen Evangelium nach Markus
»Pilatus wandte sich von Neuem an die Menge und fragte: Was soll ich dann mit dem tun, den ihr König der Juden nennt? Da schrien sie: Kreuzige ihn! Pilatus entgegnete: Was hat er denn für ein Verbrechen begangen? Sie aber schrien noch lauter: Kreuzige ihn!« (Mk 15,12–14)

Impuls zum Bild
Sprechender Blick,
der Worte nicht bedürfend.
Cor ad cor loquitur.
Herz spricht zu Herz –
im Zeichen des Kreuzes. – *Stille*

V: Aller, deren Seele ein Schwert des Schmerzes durchdringt,
A: erbarme dich, o Herr.
V: Aller, deren Blick im Leid erstorben scheint,
A: erbarme dich, o Herr.

Gebet
Herr Jesus Christus,
stumm seid ihr euch begegnet,
deine Mutter und du.
Richte mit deinem tröstenden Blick all jene auf,
die angesichts des Leides die Sprache verloren haben. Amen.

V: Herr Jesus Christus, wir sagen dir Dank und bekennen:
A: Deinen Tod, o Herr, verkünden wir
   und deine Auferstehung preisen wir,
   bis du kommst in Herrlichkeit. Amen.

Liedstrophe / Musik

V. Station: Simon von Zyrene hilft Jesus das Kreuz tragen

V: Wir beten dich an, Herr Jesus Christus, und preisen dich.
A: Denn durch dein heiliges Kreuz hast du die Welt erlöst.

Aus dem heiligen Evangelium nach Markus
»Einen Mann, der gerade vom Feld kam, Simon von Zyrene, den Vater des Alexander und des Rufus, zwangen sie, sein Kreuz zu tragen.« (Mk 15,21)

Impuls zum Bild
Zupackend.
Einer schert aus der Menge aus,
packt fraglos an und geht mit – bis ans Ende.
Simon, ein Charaktermann. – *Stille*

V: Aller, welche ihr Kreuz nicht mehr allein zu tragen vermögen,
A: erbarme dich, o Herr.
V: Aller, die sehnsuchtsvoll nach Hilfe Ausschau halten,
A: erbarme dich, o Herr.

Gebet
Herr Jesus Christus,
wo deine Kräfte ans Ende gelangt waren,
da hat der zupackende Simon dich entlastet.
Entlaste du alle,
die mit ihrem Kreuz nicht mehr weiterwissen,
und geleite sie zum Ziel. Amen.

V: Herr Jesus Christus, wir sagen dir Dank und bekennen:
A: Deinen Tod, o Herr, verkünden wir
und deine Auferstehung preisen wir,
bis du kommst in Herrlichkeit. Amen.

Liedstrophe/Musik

VI. Station: Veronika reicht Jesus das Schweißtuch dar

V: Wir beten dich an, Herr Jesus Christus, und preisen dich.
A: Denn durch dein heiliges Kreuz hast du die Welt erlöst.

Aus dem heiligen Evangelium nach Markus
»Die Soldaten schlugen ihm mit einem Stock auf den Kopf und spuckten ihn an, beugten die Knie und huldigten ihm.« (Mk 15,19)

Impuls zum Bild
Suchen – nach dem vera icon,
dem wahren Antlitz Christi.
Wer auf Fotos sucht, irrt,
wer in der Seele sucht, findet.

V: Aller, die in der Öffentlichkeit ihr Gesicht verloren haben,
A: erbarme dich, o Herr.
V: Aller, die nur noch als Schatten ihrer selbst leben,
A: erbarme dich, o Herr.

Gebet
Herr Jesus Christus,
unser Leben ist eine einzige Suche nach dem Angesicht Gottes.
Lass am Ende unserer Tage
den Schleier von unseren geistigen Augen fallen,
damit wir dich schauen von Angesicht zu Angesicht,
von Ewigkeit zu Ewigkeit. Amen.

V: Herr Jesus Christus, wir sagen dir Dank und bekennen:
A: Deinen Tod, o Herr, verkünden wir
   und deine Auferstehung preisen wir,
   bis du kommst in Herrlichkeit. Amen.

Liedstrophe / Musik

VII. Station: Jesus fällt zum zweiten Mal

V: Wir beten dich an, Herr Jesus Christus, und preisen dich.
A: Denn durch dein heiliges Kreuz hast du die Welt erlöst.

Aus dem heiligen Evangelium nach Markus
»Pilatus lieferte Jesus, nachdem er ihn hatte geißeln lassen, zur Kreuzigung aus.« (Mk 15,15b)

Impuls zum Bild
Gefallen durch Last.
Durch Tonnen von Schuld.
Durch barbarischen Akt.
Aufgerichtet durch Liebe – zu uns. – *Stille*

V: Aller, denen das Schicksal den Boden unter den Füßen entzogen hat,
A: erbarme dich, o Herr.
V: Aller, die urplötzlich vor dem Nichts standen,
A: erbarme dich, o Herr.

Gebet
Herr Jesus Christus,
wer von uns wäre nicht schon auf seinem Lebensweg gefallen?
Gib, dass wir uns aufraffen,
das Kreuz aufs Neue auf uns nehmen,
ja, es umfassen und voranschreiten – dir entgegen. Amen.

V: Herr Jesus Christus, wir sagen dir Dank und bekennen:
A: Deinen Tod, o Herr, verkünden wir
und deine Auferstehung preisen wir,
bis du kommst in Herrlichkeit. Amen.

Liedstrophe / Musik

VIII. Station: Jesus begegnet den weinenden Frauen

V: Wir beten dich an, Herr Jesus Christus, und preisen dich.
A: Denn durch dein heiliges Kreuz hast du die Welt erlöst.

Aus dem heiligen Evangelium nach Markus
»Einige Frauen sahen von Weitem zu, darunter Maria aus Magdala, Maria, die Mutter von Jakobus dem Kleinen und Joses, sowie Salome; sie waren Jesus schon in Galiläa nachgefolgt und hatten ihm gedient.« (Mk 15,40.41a)

Impuls zum Bild
Mitleid – im Zeichen des Kreuzes.
Kein billiges Mitfühlen, nein,
mitleiden, mitbluten mit dem,
der für uns blutet. – *Stille*

V: Aller, die sich äußerlich und innerlich verhüllen,
A: erbarme dich, o Herr.
V: Aller, die sich abkapseln,
  sich in eine virtuelle Welt flüchten,
  um das reale Leben nicht mehr wahrnehmen zu müssen,
A: erbarme dich, o Herr.

Gebet
Herr Jesus Christus,
der Frauen Klagen nimmt kein Ende.
Sie bangten um dich – und du sprachst ihnen Mut zu!
Baue auch uns auf,
sprich uns Trost zu,
wo Worte von Menschen an ihr Ende gelangen. Amen.

V: Herr Jesus Christus, wir sagen dir Dank und bekennen:
A: Deinen Tod, o Herr, verkünden wir
  und deine Auferstehung preisen wir,
  bis du kommst in Herrlichkeit. Amen.

Liedstrophe / Musik

IX. Station: Jesus fällt zum dritten Mal

V: Wir beten dich an, Herr Jesus Christus, und preisen dich.
A: Denn durch dein heiliges Kreuz hast du die Welt erlöst.

Aus dem heiligen Evangelium nach Markus
»Die Soldaten führten Jesus hinaus, um ihn zu kreuzigen.« (Mk 15,20b)

Impuls zum Bild
Kopfstand.
Leid krempelt Leben total um,
stellt es völlig auf den Kopf.
Wo sich dann festhalten? – *Stille*

V: Aller, auf denen ein schweres Kreuz lastet,
A: erbarme dich, o Herr.
V: Aller, die den Sinn des Kreuzes nicht erkennen
   und die an dir zweifeln,
A: erbarme dich, o Herr:

Gebet
Herr Jesus Christus,
plötzlich, mitten im Leben,
haut Ungeahntes den Stärksten um:
eine schwere Erkrankung, eine Trennung,
ein böser Verdacht, der Tod.
Stelle du die Gefallenen wieder auf die Beine
und sei mit ihnen in unwegsamer Zeit. Amen.

V: Herr Jesus Christus, wir sagen dir Dank und bekennen:
A: Deinen Tod, o Herr, verkünden wir,
   und deine Auferstehung preisen wir,
   bis du kommst in Herrlichkeit. Amen.

Liedstrophe / Musik

X. Station: Jesus wird seiner Kleider beraubt

V: Wir beten dich an, Herr Jesus Christus, und preisen dich.
A: Denn durch dein heiliges Kreuz hast du die Welt erlöst.

Aus dem heiligen Evangelium nach Markus
»Die Soldaten verteilten seine Kleider, indem sie das Los über sie warfen, wer was bekommen sollte.« (Mk 15,24b)

Impuls zum Bild
Schutzlos, weil entkleidet.
Wehrlos, weil ohnmächtig.
Geschändet, weil begafft.
Missbrauch besonderer Art. – *Stille*

V: Aller, die öffentlich an den Pranger gestellt werden,
A: erbarme dich, o Herr.
V: Aller, die jeglicher Würde und Achtung beraubt sind,
A: erbarme dich, o Herr.

Gebet
Herr Jesus Christus,
was verletzt einen Menschen mehr
als die Bloßstellung in aller Öffentlichkeit?
Sei du der Schutz all jener,
denen man das Kleid der Ehre vom Leibe reißt,
die man der Lächerlichkeit und Verachtung preisgibt. Amen.

V: Herr Jesus Christus, wir sagen dir Dank und bekennen:
A: Deinen Tod, o Herr, verkünden wir
und deine Auferstehung preisen wir,
bis du kommst in Herrlichkeit. Amen.

Liedstrophe / Musik

XI. Station: Jesus wird ans Kreuz genagelt

V: Wir beten dich an, Herr Jesus Christus, und preisen dich.
A: Denn durch dein heiliges Kreuz hast du die Welt erlöst.

Aus dem heiligen Evangelium nach Markus
»Es war die dritte Stunde, als sie ihn kreuzigten. Und eine Aufschrift auf einer Tafel gab seine Schuld an: Der König der Juden.« (Mk 15,25–26)

Impuls zum Bild
Gewalt bohrt tief.
Schlägt Wunden im Leib,
reißt Wunden der Seele.
Kann das je heilen? – *Stille*

V: Aller, die sich von äußerem Glanz und Schein haben blenden lassen,
A: erbarme dich, o Herr.
V: Aller, die, vom Materiellen geblendet,
   sich haben binden und fesseln lassen,
A: erbarme dich, o Herr.

Gebet
Herr Jesus Christus,
mit deinen Händen hast du Brot gebrochen,
Kinder gesegnet,
Kranke berührt und geheilt.
Nun, da deine Hände ans Kreuz geheftet sind,
bediene dich meiner Hände,
damit sie Not lindern
und an einer gerechteren Welt mitbauen. Amen.

V: Herr Jesus Christus, wir sagen dir Dank und bekennen:
A: Deinen Tod, o Herr, verkünden wir
   und deine Auferstehung preisen wir,
   bis du kommst in Herrlichkeit. Amen.

Liedstrophe / Musik

XII. Station: Jesus stirbt am Kreuz

V: Wir beten dich an, Herr Jesus Christus, und preisen dich.
A: Denn durch dein heiliges Kreuz hast du die Welt erlöst.

Aus dem heiligen Evangelium nach Markus
»In der neunten Stunde rief Jesus mit lauter Stimme: …
Mein Gott, mein Gott, warum hast du mich verlassen?
Jesus aber schrie mit lauter Stimme. Dann hauchte er den Geist aus.«
(Vgl. Mk 15,34.37)

Impuls zum Bild
Geneigten Hauptes,
geschundenen Leibes,
doch aufrecht in der Gesinnung
geht er – für uns. – *Stille*

V: Aller, die durch Leid gebeugt sind,
A: erbarme dich, o Herr.
V: Aller, die von Krankheit gezeichnet, dem Tod entgegengehen,
A: erbarme dich, o Herr.

Gebet
Herr Jesus Christus,
nichts ist so todsicher wie der Tod,
der eigene Tod und jener unserer Lieben.
Nichts ist so todsicher
wie die Überwindung des Todes durch deine Auferstehung.
Lass uns aus ihr und in der Hoffnung auf sie leben. Amen.

V: Herr Jesus Christus, wir sagen dir Dank und bekennen:
A: Deinen Tod, o Herr, verkünden wir
und deine Auferstehung preisen wir,
bis du kommst in Herrlichkeit. Amen.

Liedstrophe / Musik

XIII. Station: Jesus wird vom Kreuz abgenommen und in den Schoß seiner Mutter gelegt

V: Wir beten dich an, Herr Jesus Christus, und preisen dich.
A: Denn durch dein heiliges Kreuz hast du die Welt erlöst.

Aus dem heiligen Evangelium nach Markus
»Noch viele andere Frauen waren dabei, die mit ihm nach Jerusalem hinaufgezogen waren.« (Mk 15,41b)

Impuls zum Bild
Unsäglicher Schmerz
lässt Worte verstummen
und den Schleier sprechen,
von der Mutter zum Sohn. – *Stille*

V: Aller, die das Leid des Lebens zusammenschweißt,
A: erbarme dich, o Herr.
V: Aller, die angesichts des Leids von Angehörigen und Freunden verlassen werden,
A: erbarme dich, o Herr.

Gebet
Herr Jesus Christus,
starr, mit gebrochenen Augen und zitternden Händen
und doch fest im Griff, hat deine Mutter dich im Tod gehalten.
Gib, dass deine Mutter auch mich hält,
wenn es mit mir zu Ende geht. Amen.

V: Herr Jesus Christus, wir sagen dir Dank und bekennen:
A: Deinen Tod, o Herr, verkünden wir
und deine Auferstehung preisen wir,
bis du kommst in Herrlichkeit. Amen.

Liedstrophe / Musik

XIV. Station: Der Leichnam Jesu wird ins Grab gelegt

V: Wir beten dich an, Herr Jesus Christus, und preisen dich.
A: Denn durch dein heiliges Kreuz hast du die Welt erlöst.

Aus dem heiligen Evangelium nach Markus
»Da es Rüsttag war, der Tag vor dem Sabbat, und es schon Abend wurde, ging Josef von Arimatäa, ein vornehmes Mitglied des Hohen Rats, der auch auf das Reich Gottes wartete, zu Pilatus und wagte es, um den Leichnam Jesu zu bitten.« (Mk 15,42–43)

Impuls zum Bild
Aufgebahrt, bereitet fürs Grab,
für ewigen Schlaf,
doch der Himmel reißt auf
und Hoffnung hebt an. – *Stille*

V: Aller, die am Ort der Läuterung von allem Zeitlichen gereinigt werden,
A: erbarme dich, o Herr.
V: Aller, die den Tag des neuen, des ewigen Lebens erwarten,
A: erbarme dich, o Herr.

Gebet
Herr Jesus Christus,
es scheint, als sei mit Golgota alles vorbei.
Doch ins Grab gelegt,
»durchschaust« du den schweren Stein
und wälzt ihn in der Kraft der Auferstehung weg.
Schaffe auch uns Bahn ins ewige Leben. Amen.

V: Herr Jesus Christus, wir sagen dir Dank und bekennen:
A: Deinen Tod, o Herr, verkünden wir
und deine Auferstehung preisen wir,
bis du kommst in Herrlichkeit. Amen.

Liedstrophe / Musik

XV. Station: Jesus wird am Ostermorgen zu neuem Leben erweckt

V: Wir beten dich an, Herr Jesus Christus, und preisen dich.
A: Denn durch dein heiliges Kreuz hast du die Welt erlöst.

Aus dem heiligen Evangelium nach Markus
»Erschreckt nicht! Ihr sucht Jesus von Nazaret, den Gekreuzigten. Er ist auferstanden; er ist nicht hier. Er geht euch voraus nach Galiläa; dort werdet ihr ihn sehen, wie er es euch gesagt hat.« (Mk 16,6b.c.7b)

Impuls zum Bild
Aus dem Dunkel ins Licht.
Aus Vergangenheit in Zukunft.
Aus Verlassenheit in göttliche Arme.
Aus dem Tod ins Leben. – *Stille*

V: Aller, die in ihrem Leben an dich geglaubt,
 auf dich gehofft und dich geliebt haben,
A: erbarme dich o Herr.
V: Öffne ihnen das Tor zum Paradies,
A: lass sie eintreten
 und Platz nehmen an der Hochzeitstafel des ewigen Lebens. Amen.

Gebet
Herr Jesus Christus,
sterben heißt gehen.
Und so gingst du auf Golgota.
Nicht, indem du uns im Stich ließest,
sondern den Weg zum Vater im Himmel frei machtest. Amen.

V: Herr Jesus Christus, wir sagen dir Dank und bekennen:
A: Deinen Tod, o Herr, verkünden wir
 und deine Auferstehung preisen wir,
 bis du kommst in Herrlichkeit. Amen.

Liedstrophe / Musik / Abschluss

III. Betrachtungen ausgewählter Kreuzwegstationen

III.1 Betrachtung
Zu ausgewählten Stationen aus dem Kreuzweg von Wolf Hirtreiter

Emaille, altfränkisch Smalt, bedeutet »Schmelze«. Künstler, die wie Wolf Hirtreiter diese Technik beherrschen, bringen eine anorganische Masse, meist aus Oxiden und Silikaten, unter hohen Temperaturen auf Metall, hier auf Kupfer, zum Schmelzen. Wolf Hirtreiter, mit dem ich 20 Jahre an St. Ulrich, Pocking, und vor allem an St. Georg, Winzer/Donau, zusammenarbeiten durfte (Altar, Ambo, Sedilien, Osterleuchter, Bronzeportal), hat sich diese Technik autodidaktisch mittels unzähliger Versuche über zwei Jahrzehnte hinweg erworben. Die seit dem Mittelalter berühmte Emailleschule von Limoges wollte ihn für die Emailletechnik zum Dozenten gewinnen, was er jedoch ablehnte.

Wolf Hirtreiter (1922–2014) absolvierte ein Studium an der Akademie der Bildenden Künste in München und war Meisterklassenschüler von Prof. Anton Hiller. Seine Arbeiten schuf er in in Stein, Holz, Bronze und Emaille. In den Jahren 1955–1992 war er Mitglied der Donau-Wald-Gruppe. Bekannte Werke sind der Kräutlmarktbrunnen am Marienplatz in München sowie das Portal zum Münchner Südfriedhof. Unter den ca. 100 Gestaltungen von Werken für Kirchen im Bistum Passau sind die Abteikirche in Schweiklberg und St. Georg in Winzer besonders hervorzuheben. Die beiden Emailleplatten, die hier gezeigt werden, stammen aus dem Kreuzweg in der Krypta der Klosterkirche Schweiklberg bei Vilshofen. Ähnliche Kreuzwege finden sich in Wegscheid, Jandelsbrunn und Emmerting.

Alle 14 Kreuzwegstationen finden Sie in den Downloadmaterialien (siehe S. 152).

Fotos S. 137, 139: © Dionys Asenkerschbaumer

IV. Station: Jesus begegnet auf dem Kreuzweg seiner Mutter

V: Mein Haupt will ich vor dir verneigen,
A: und Dank und Ehrfurcht so bezeugen.

V: Der Blick auf das Leiden Jesu schärft den Blick auf das Leid der Menschen und weckt, so wir nicht gefühlslos sind, Mit-Leid in uns. Es lässt unser persönliches Leid in einem neuen Licht erstehen. Jesu Kreuzweg lädt uns ein, unser Leid und jenes aller Menschen ins Gebet zu heben und mit dem Leid Jesu zu vereinen. Mit Blick auf den verurteilten, gefolterten und gekreuzigten Herrn beten wir:

A: Herr, wie du willst, soll mir gescheh'n,
und wie du willst, so will ich geh'n,
hilf deinen Willen nur versteh'n.

Herr, wann du willst, dann ist es Zeit,
und wann du willst, bin ich bereit,
heut' und in alle Ewigkeit.

Herr, was du willst, das nehm' ich hin,
und was du willst, ist mir Gewinn,
genug, dass ich dein Eigen bin.

Herr, weil du's willst, drum ist es gut,
und weil du's willst, drum hab' ich Mut.
Mein Herz in deinen Händen ruht. – *Stille*

Pater Rupert Mayer SJ

XIV. Station: Der Leichnam Jesu wird ins Grab gelegt

V: Mein Haupt will ich vor dir verneigen
A: und Dank und Ehrfurcht so bezeugen.

V: Ähnlich, wie man in früheren Zeiten Babys gewickelt hat, ist nun der Leichnam Jesu in ein großes, weißes Tuch gehüllt. Dieses ist jedoch mehr als ein Begräbnisaccessoire. Das weiße Tuch, die große Draperie – sie wird zum Symbol der uns bergenden, uns Menschen schützenden, und vor feindlichen Blicken verhüllenden Liebe Gottes. Mit Blick auf den verurteilten, gefolterten und gekreuzigten Herrn beten wir:

A: Herr, wie du willst, soll mir gescheh'n,
und wie du willst, so will ich geh'n,
hilf deinen Willen nur versteh'n.

Herr, wann du willst, dann ist es Zeit,
und wann du willst, bin ich bereit,
heut' und in alle Ewigkeit.

Herr, was du willst, das nehm' ich hin,
und was du willst, ist mir Gewinn,
genug, dass ich dein Eigen bin.

Herr, weil du's willst, drum ist es gut,
und weil du's willst, drum hab' ich Mut.
Mein Herz in deinen Händen ruht. – *Stille*

Rupert Mayer SJ

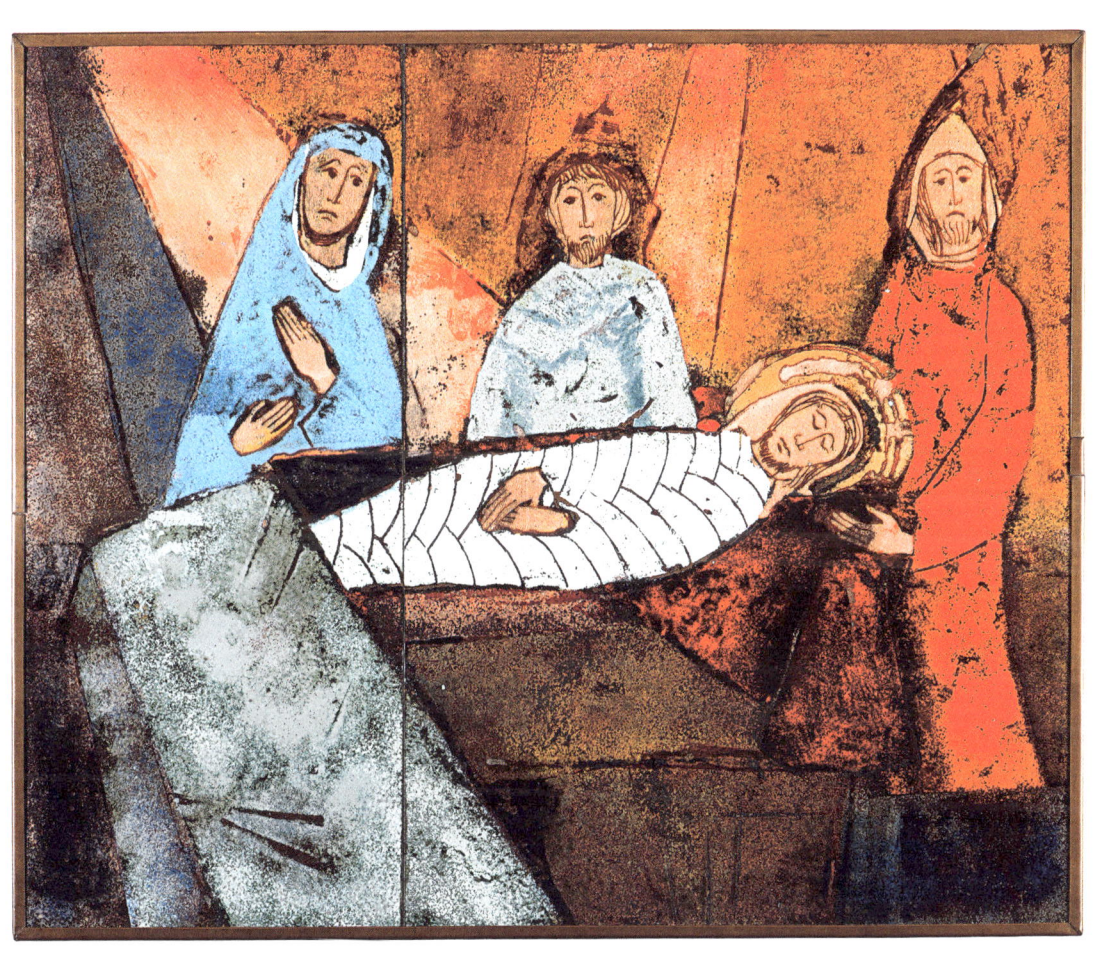

III.2 Betrachtung
Zu ausgewählten Stationen aus dem Kreuzweg von Franz Zoglauer

Franz Zoglauer ist geboren im Jahr 1951 in Passau, er studierte an der Akademie der Bildenden Künste in München. Eine schwere, langwierige Krankheit vereitelte seinen Plan, Kunsterzieher am Gymnasium zu werden. Heute lebt und arbeitet er als freischaffender Künstler in Karlsbach/Waldkirchen im Bayerischen Wald.

Die hier gezeigten beiden Kreuzwegstationen sind Ölkreidezeichnungen.

Alle 15 Bilder des Kreuzwegs finden Sie in den Downloadmaterialien (siehe S. 152).

Fotos S. 140, 143: © Foto Schüll, Waldkirchen

III. Station: Jesus fällt zum ersten Mal unter der Last des Kreuzes

V: Mit dem Apostel Thomas bekennen wir:
A: Mein Herr und mein Gott.

V: Jesu Weg ans Kreuz war ein Weg für uns. Jesu Fall unter der Last des Kreuzes, ein Fall für uns. Jesu Lebenshingabe war nichts anderes als Hingabe für uns – aus Liebe. Unsere einzig stimmige Antwort auf den letzten Weg Jesu, auf seinen Totaleinsatz kann folglich nur unsere Hingabe an ihn sein, unser Einsatz für den Bruder und die Schwester in Not sein. Darum beten wir mit dem heiligen Bruder Klaus von Flüe:

A: Mein Herr und mein Gott,
nimm alles von mir,
was mich hindert zu dir.

Mein Herr und mein Gott,
gib alles mir,
was mich fördert zu dir.

Mein Herr und mein Gott,
nimm mich mir
und gib mich ganz zu eigen dir.

Niklaus von Flüe

XV. Station: Jesus wird am Ostermorgen zum ewigen Leben auferweckt

Betrachtung

Nein, das könne nicht geschehen; das sei völlig irrational. Wenn sie, die Fachleute, das sagen, dann könne man sich auch darauf verlassen. Erdbeben werde es wohl immer geben, Tsunamis in der Folge auch. Doch dass gleichzeitig ein Erdbeben den Seeboden aufwühlt, meterhohe Wasserwogen auftürmt und an Land spült, dass dadurch die Stromversorgung und infolgedessen die Kühlung in einem Atomkraftwerk ausfällt, dies wiederum zur Kernschmelze führt, zu Explosionen, welche die Gebäudehüllen zerstören, sodass Radioaktivität austreten könne, das sei unvorstellbar, so sagten sie, die Gelehrten. Bis die Realität am 12. März 2011 die Welt eines Besseren belehrte. Das Undenkbare, das Unvorstellbare brach an jenem Tag trotz aller gegenteiligen Beteuerungen über Fukushima herein.

Nein, das sei unmöglich, so sagten die religiösen Führer des Volkes Israel und weite Teile der Bevölkerung. Dass einer auftritt, der Kranke heilt, das sei schon vorgekommen; dass jemand Tote erweckt, die später jedoch definitiv starben, das sei selten, aber zuweilen, etwa beim Jüngling von Nain, der Tochter des Jaïrus und Lazarus beobachtet worden. Dass aber einer auferweckt wird und dann nicht mehr stirbt, das sei ganz und gar ausgeschlossen, da sei kein Drandenken.

Warum sie das alles so felsenfest behaupten? Weil für die gelehrten Naturwissenschaftler nur möglich ist, was sie berechnen und vorhersehen können, und weil für die Gelehrten der Heiligen Schrift nur das zählt, was die religiösen Weisungen zulassen. So spricht, wer nur das Menschenmögliche annimmt; so denkt, wer das Göttliche ausklammert, ja ignoriert.

Und dann kam alles anders, in Fukushima und in Jerusalem. Was geschah an jenen Tagen in Jerusalem? Markus und Lukas überliefern in ihren Passionsberichten, dass an jenem 14. Nissan des Jahres 30 zur Mittagsstunde sich die Sonne verfinstert habe; Matthäus weiß gar von einem Erdbeben. Ja, die Natur rebelliert, sie lehnt sich gegen das Geschehen auf Golgota auf und bekundet in ihrer Sprache, dass an einem Gerechten kolossales Unrecht geschieht. Und die Welle des Entsetzens schwappt bis in den Tempel auf dem Zionsberg, reißt den Vorhang vor dem Allerheiligsten von oben bis unten entzwei und macht so kund, dass mit dem Tod Jesu eine lange Epoche Gottes mit Israel abgeschlossen ist und in der Heilsgeschichte nun ein neues Kapitel aufgeschlagen wird. Wie diese neue Phase ausschauen wird, ist an diesem Tag noch nicht klar; große Beklommenheit,

sprich Finsternis liegt über dem ganzen Landstrich; mit der Beisetzung Jesu in einem Felsengrab scheint seine Geschichte ans Ende gekommen zu sein.

Doch wie im Falle Fukushimas gilt auch hier: Wer so denkt, denkt ausschließlich in menschlichen Kategorien, denn in jener Nacht ereignet sich etwas, was Menschenmögliches übersteigt. Als die Frauen in aller Herrgottsfrühe zur Einbalsamierung zum Grab gehen, entdecken sie, dass der Stein vom Grab weggewälzt ist und der Leichnam fehlt. Waren Grabräuber am Werk, wie manch einer uns glauben machen möchte?

Nein, es muss sich so etwas wie eine Kernschmelze im Inneren der Grabeshöhle ereignet haben, die den schweren Stein geradezu wegsprengte. Der Brennstab des Todes ist ein für alle Mal weggeschmolzen, wie die zwei Männer in leuchtenden Gewändern bekunden: Der von den Frauen Gesuchte lebt; und weil er lebt, kann er fortan nicht mehr unter den Toten sein. Er lebt nicht, um später wieder zu sterben, er lebt in der Ewigkeit der Ewigkeiten. Paulus versichert später in 1 Kor 15, dass all jene, die ihm im Leben folgen werden, an diesem neuen, dem ewigen Leben partizipieren werden.

V: Mit dem Apostel Thomas bekennen wir:
A: Mein Herr und mein Gott.

III.3 Betrachtung
Zu ausgewählten Stationen aus dem Kreuzweg von Hubert Huber

Die beiden hier gezeigten Kreuzwegstationen stammen aus einem Kreuzweg in 24 Stationen, der daran erinnert: Egal zu welcher Stunde: überall auf der Erde werden Menschen gekreuzigt, im wörtlichen und übertragenen Sinne. Zu jeder Tages- und Nachtzeit bricht über Menschen Leid herein.

Der Kreuzweg entstand im Jahr 2000 für eine Ausstellung im tschechischen Kloster Plasy bei Pilsen im Rahmen des Internationalen Bildhauersymposions »Grenzgänger«. Er wurde dort, in Spectrum Kirche in Passau sowie in vielen Ausstellungen im In- und Ausland gezeigt. Die Bilder haben die Maße 24 × 24 × 2 cm.

Hubert Huber, geboren 1956 in Gurlarn / Fürstenzell, absolvierte von 1978–1981 eine Holzbildhauerlehre; seit 1981 ist er freischaffend tätig, seit 1988 Berater bei »Kunst im öffentlichen Raum« und »Kunst und Bauen«. Huber ist erster Vorsitzender des Berufsverbandes Bildender Künstler Niederbayern sowie Initiator und Gründungsmitglied der Produzenten-Galerie Passau. 2001 erhielt er den Kulturpreis des Landkreises Passau, 2005 die Kulturmedaille des Landes Oberösterreich.

Alle 24 Bilder des Kreuzwegs finden Sie in den Downloadmaterialien (siehe S. 152).

Fotos: © Hubert Huber

Stationen 10 und 21 aus dem Kreuzweg der 24 Stunden

V: Unruhig ist unser Herz,
A: bis es ruht in dir, o Herr.

V: Jeden Tag und zu jeder Stunde beginnt irgendwo auf der Welt für irgendeinen Menschen ein Kreuzweg. Lebensbedrohliche Krankheit, Unfall, Verlust des Arbeitsplatzes oder der Tod eines lieben Menschen reißen Wunden, die, wenn überhaupt, nur langsam heilen. Mit dieser Kreuzwegandacht heben wir all diese Mitmenschen aus unserer Anonymität und nehmen sie in unser Gebet hinein, damit sie im Leid durchhalten, erstarken und nicht daran zerbrechen.

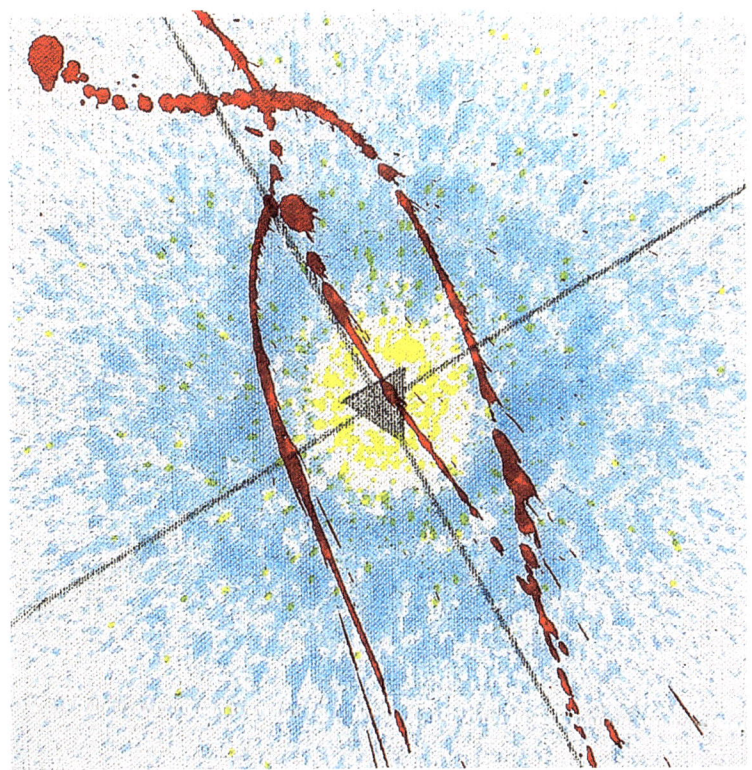

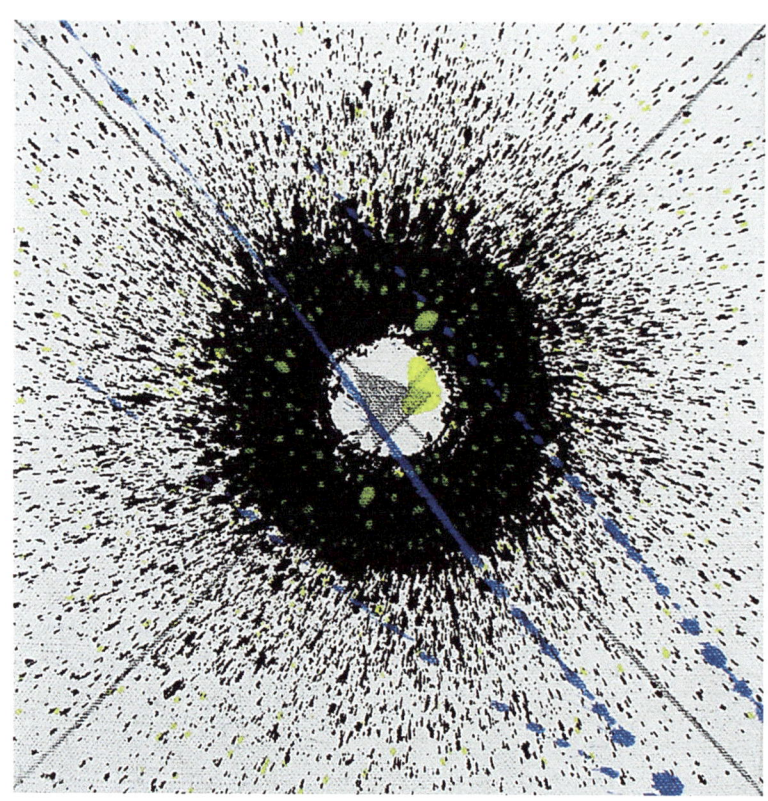

V: Christus Jesus, Erlöser der Welt,
  heimgegangen zum Vater, da alles vollendet war.
  Du sitzest zu seiner Rechten auf dem Thron der Herrlichkeit,
  wartend der Stunde, in welcher du wiederkehrest in Macht,
  die Lebenden und die Toten zu richten.
A: Wir glauben an dich.
  Lehr uns, den einsamen Glauben zu leisten,
  den die Stunde von uns verlangt,
  da dein Licht nicht zu leuchten scheint,
  und leuchtet doch, mächtiger im Dunkel als je.
  In deiner Liebe Geheimnis,
  in deinem Gehorsam, groß wie der Vaters Gebot,
  hast du alles erlöst.
  Lass deine Liebe an uns nicht vergeblich sein. Amen.

Romano Guardini

Vorschläge zur musikalischen Gestaltung

Heilges Kreuz, sei hochverehret

Heilges Kreuz, sei hochverehret,
hartes Ruhbett meines Herrn!
Einstmals sehn wir dich verkläret,
strahlend gleich dem Morgenstern.
     KV: Sei mit Mund und Herz verehret,
       Kreuzstamm Christi meines Herrn.

Herr, dass du am Kreuz gehangen,
hat der Welt das Heil gebracht.
Neue Zeit hat angefangen,
da zerbrach des Todes Macht.   KV

Heilges Kreuz, sei unsre Fahne,
die uns führt durch Kampf und Not;
die uns halte, die uns mahne,
treu zu sein bis in den Tod.   KV

Heilges Kreuz, du Siegeszeichen,
selig, wer auf dich vertraut;
sicher wird sein Ziel erreichen,
wer auf dich im Leben schaut.   KV

Kreuz, du bist für viele Menschen
Gottes off'nes Lesebuch;
hüllst uns ein in seine Liebe,
bergend wie ein großes Tuch.   KV

Selig, selig, die da glauben,
selig, denn sie werden sehn:
Einst wird sich das Kreuz belauben
und die Hoffnung auferstehn.   KV

1. Str. Engelsharfe Passau 1866, 2. Str. Max Huber 1969, © beim Autor, 3.–4. Str. Gotteslob (Salzburg 1820), 5. Str. Bernhard Kirchgessner, 6. Str. Werner Bergengruen, © Rechtsnachfolge Werner Bergengruen

Stabat Mater

Christi Mutter stand mit Schmerzen
bei dem Kreuz und weint' von Herzen,
als ihr lieber Sohn da hing.

Durch die Seele voller Trauer,
schneidend unter Todesschauer,
jetzt das Schwert des Leidens ging.

Welch ein Schmerz der Auserkornen,
da sie sah den Eingebornen,
wie er mit dem Tode rang.

Angst und Jammer, Qual und Bangen,
alles Leid hielt sie umfangen,
das nur je ein Herz durchdrang.

Wer könnt' ohne Tränen sehen
Christi Mutter also stehen
in so tiefen Jammers Not?

Wer nicht mit der Mutter weinet,
seinen Schmerz mit ihrem einet,
leidend bei des Sohnes Tod?

Ach, für seiner Brüder Schulden
sah sie ihn die Marter dulden,
Geißeln, Dornen, Spott und Hohn,

sah ihn trostlos und verlassen
an dem blut'gen Kreuz erblassen,
ihren lieben einz'gen Sohn.

Gib, o Mutter, Quell der Liebe,
dass ich mich mit dir betrübe,
dass ich fühl' die Schmerzen dein.

Dass mein Herz von Lieb' entbrenne,
dass ich nur noch Jesus kenne,
dass ich liebe Gott allein.

Drücke deines Sohnes Wunden,
wie du selber sie empfunden,
heil'ge Mutter, in mein Herz.

Dass ich weiß, was ich verschuldet,
was dein Sohn für mich erduldet,
gib mir Teil an deinem Schmerz.

Lass mit dir mich herzlich weinen,
ganz mit Jesu Leid vereinen,
solang hier mein Leben währt.

Unterm Kreuz mit dir zu stehen,
dort zu teilen deine Wehen,
ist es, was mein Herz begehrt.

O du Jungfrau der Jungfrauen,
wollst in Gnaden mich anschauen,
lass mich teilen deinen Schmerz.

Lass mich Christi Tod und Leiden,
Marter, Angst und bitt'res Scheiden
fühlen wie ein Mutterherz.

Mach, am Kreuze hingesunken,
mich von Christi Blute trunken
und von seinen Wunden wund.

Dass nicht zu der ew'gen Flamme
der Gerichtstag mich verdamme,
sprech für mich dein reiner Mund.

Christus, lass bei meinem Sterben
mich mit deiner Mutter erben
Sieg und Preis nach letztem Streit.

Wenn der Leib dann sinkt zur Erde,
gib mir, dass ich teilhaft werde
deiner sel'gen Herrlichkeit. Amen.

Autor unbekannt; gereimte Fassung von Heinrich Bone, 1847.
Beim Singen werden jeweils zwei Textblöcke zu einer Strophe zusammengefasst.
Zu singen nach der Melodie von GL 532.

Folgende Lieder aus dem Gotteslob können eingesetzt werden:

GL 203: »O Lamm Gottes unschuldig«
GL 266: »Erbarme dich«
GL 277: »Aus tiefer Not«
GL 289: »O Haupt voll Blut und Wunden«
GL 290: »Herzliebster Jesu«
GL 297: »Wir danken dir, Herr Jesu Christ«
GL 770: »Du schweigst, Herr« (Diözesan-Eigenteil Augsburg)
GL 804: »Wir danken dir, Herr Jesu Christi« (Diözesan-Eigenteil Passau)
GL 806: »Heilig Kreuz, du Baum der Treue« (Diözesan-Eigenteil Passau)

Empfehlungen von CDs:

Stabat Mater von Giovanni Battista Pergolesi:
IV. XII., XIII. Station: Deutsche Grammophon, Claudio Abado

Stabat Mater von Antonín Dvořák:
IV., XII., XIII. Station: Deutsche Grammophon, Rafael Kubelik

Stabat Mater von Gioacchino Rossini:
IV., XII., XIII. Station: Philipps, Semyon Bychkov
Decca, Riccardo Chailly

Requiem von Gaetano Donizetti:
Ingemisco, Pie Jesu: Decca, Chor und Orchester der Arena di Verona

Requiem von Wolfgang Amadeus Mozart:
BR Klassik, Chor und Symphonieorchester des Bayerischen Rundfunks, Mariss Jansons

Requiem von Giuseppe Verdi:
BR Klassik, Chor und Symphonieorchester des Bayerischen Rundfunks, Mariss Jansons

Messias von Georg Friedrich Händel:
deutsche harmonia mundi, Arnold Schoenberg Chor – Concentus Musicus, Wien, Nikolaus Harnoncourt

Gregorianischer Choral:
Aufnahmen der Zisterzienser aus Stift Heiligenkreuz

Agnus Dei aus verschiedenen Messen:
a) Haydn, »Missa in tempore belli«
b) Beethoven, Messe in C-Dur
c) Puccini, »Missa di Gloria«
Gute und preisgünstige Einspielungen: Chor und Orchester von St. Augustin, Wien: info@hochamt.at

Passionsmusik:
a) Joseph Martin Kraus, »Der Tod Jesu«:
Carus-Verlag, Philharmonia Chor Stuttgart, Stuttgarter Kammerorchester, Helmut Wolf

b) Giovanni Simone Mayr, Oratorium »La Passione«:
GUILD, Georgisches Kammerorchester Ingolstadt, Franz Hauk

c) Ludwig van Beethoven, Oratorium »Christus am Ölberg«:
Gächinger Kantorei, Bach-Collegium Stuttgart, Hellmuth Rilling

d) Arvo Pärt, Passio:
Teil I: I. Station,
Teil IV: XII. Station: NAXOS

e) Francis Poulenc, Quatre motets pour un temps de penitence:
Nr. 4: Tristis es anima mea: Sony, Chor des Bayrischen Rundfunks

Quellen

Guardini, Romano: Gebet in der währenden Stunde, in: ders., Psalter und Gebete, Verlagsgemeinschaft Matthias Grünewald, Mainz / Ferdinand Schöningh, Paderborn 8./10. Aufl. 2001, S. 343 f., © Alle Autorenrechte liegen bei der Katholischen Akademie in Bayern

Mayer, Rupert: Herr, wie du willst (Lieblingsgebet, entstanden am Allerheiligenfest 1945)

Die Bibelstellen sind entnommen aus:
Einheitsübersetzung der Heiligen Schrift, vollständig
durchgesehene und überarbeitete Ausgabe,
© 2016 Katholische Bibelanstalt GmbH, Stuttgart
Alle Rechte vorbehalten.

Die Ständige Kommission für die Herausgabe der gemeinsamen liturgischen Bücher im deutschen Sprachgebiet erteilte für die aus diesen Büchern entnommenen Texte die Abdruckerlaubnis. Die darin enthaltenen biblischen Texte sind Bestandteil der von den Bischofskonferenzen des deutschen Sprachgebietes approbierten revidierten Einheitsübersetzung der Heiligen Schrift (2016), © 2018 staeko.net

Downloadmaterialien

Sie finden alle Inhalte dieses Buches:
I.1 Betrachtung – *Zum Kreuz von Sebastian Hertrich*
I.2. Betrachtung – *Zum Kreuz von Giacomo Manzù*
II.1 Eröffnung und Abschluss der Kreuzwegandacht
II.2 Andacht: Göttliches Geheimnis – Menschliches Drama – *Der Kreuzweg von Andrea Cereda*
II.3 Andacht: Das kurze Jahrhundert – *Der Kreuzweg von Armando Fettolini*
II.4 Andacht: Zugewandt – *Der Kreuzweg von Valter Gatti*
II.5 Andacht: Via Crucis – *Der Kreuzweg von Bruno Lucchi*
III.1 Betrachtung – *Zu ausgewählten Stationen aus dem Kreuzweg von Wolf Hirtreiter*
III.2 Betrachtung – *Zu ausgewählten Stationen aus dem Kreuzweg von Franz Zoglauer*
III.3 Betrachtung – *Zu ausgewählten Stationen aus dem Kreuzweg von Hubert Huber*

Sowie zusätzlich:
Die Kreuzesdarstellung von Sebastian Hertrich
Die Kreuzesdarstellung von Giacomo Manzù
Bilder aller Kreuzwegstationen von Andrea Cereda
Bilder aller Kreuzwegstationen von Armando Fettolini
Bilder aller Kreuzwegstationen von Valter Gatti
Bilder aller Kreuzwegstationen von Bruno Lucchi
Bilder aller Kreuzwegstationen von Wolf Hirtreiter
Bilder aller Kreuzwegstationen von Franz Zoglauer
Bilder aller Kreuzwegstationen von Hubert Huber

zum Download unter:
www.herder.de/extras
Zu dieser Seite leitet Sie auch folgender QR-Code:

Geben Sie dort die ISBN 978-3-451-39639-7 und Ihre E-Mail-Adresse ein, um zu den Downloads zu gelangen.

Wenn Sie Fragen haben, wenden Sie sich bitte an:
kundenservice@herder.de

Zum Autor:
Bernhard Kirchgessner, geb. 1958, Dr. theol., Msgr., ist Priester der Diözese Passau, Leiter von Spectrum Kirche, dem Exerzitien- und Bildungshaus auf Mariahilf; Leiter des Diözesanen Zentrums für Liturgische Bildung (DZLB) und der KünstlerSeelsorge. 2008 wurde er von Papst Benedikt XVI. zum Monsignore ernannt. Autor liturgischer wie geistlicher Schriften.

© Verlag Herder GmbH, Freiburg im Breisgau 2019
Alle Rechte vorbehalten
www.herder.de

Umschlaggestaltung: wunderlichundweigand
Umschlagmotiv: Kreuz, © Sebastian Hertrich;
Foto: Bernhard Kirchgessner

Satz: post scriptum, Vogtsburg-Burkheim
Herstellung: Graspo CZ, Zlín

Printed in the Czech Republic

ISBN 978-3-451-39639-7